CD付き

0〜5歳児の楽しくふれあう！

わらべうたあそび120

ナツメ社 保育シリーズ

阿部直美 著

ナツメ社

はじめに

　「いないいないばあ」や「おつむてんてん」など、誰もが一度は耳にしたことのある言葉は、「わらべうた」の歌詞です。昔からずっと歌い継がれている伝承童謡を「わらべうた」といいますが、「わらべうた」には、子どもをとりまく生活の様子や、四季の変化などが子どもらしい短い言葉でたくみに表現されています。転んで泣きそうになったら「ちちん ぷい ぷい」、雨が降ったら「てるてるぼうず」、集団あそびができるようになったら「かごめかごめ」や「花いちもんめ」など、折りにふれて歌ううちに、子どもたちも日本語のもつリズミカルなひびきに笑顔を見せてくれるはずです。また、歌いながら手合わせやじゃんけんなどのあそびをたくさん経験することで、人と人との結びつきが強まり、心の成長を促すことでしょう。

　本書では、主に江戸時代から明治、大正、昭和の後期までの作品120曲を集め、対象年齢別にセレクトしました。わらべうたは、地方によって詞やメロディーに違いがありますが、主に保育現場で伝承されているものを録音し、CD化しています。これらを参照して、子どもたちと一緒に歌ったりふれあったりして、わらべうたのすばらしさを声に出し、肌で感じていただけると幸いです。

阿部直美

もくじ

- はじめに 2
- 本書の特色 6
- わらべうたってなあに? 8
- 年齢別 わらべうたの楽しみかた 10
- CD収録曲リスト 12

0歳児の わらべうた

♪ あがりめさがりめ	16	CD❶-01
♪ いない いない ばあ	17	CD❶-02
♪ だるまさん	18	CD❶-03
♪ おでこさんをまいて	19	CD❶-04
♪ にんどころ	20	CD❶-05
♪ 草ぼうぼう	22	CD❶-06
♪ ちょち ちょち あわわ	24	CD❶-07
♪ にっこう にっこう	26	CD❶-08
♪ にぎりぱっちり	27	CD❶-09
♪ てのひらぽっつんこ	28	CD❶-10
♪ かいぐり かいぐり	29	CD❶-11
♪ おやゆびさんで パーチパチ	30	CD❶-12
♪ こめこめ こっちへこー	31	CD❶-13
♪ ここは てっくび	32	CD❶-14
♪ ちいさいまめ こーろころ	33	CD❶-15
♪ ふくすけさん	34	CD❶-16
♪ ぼうずぼうず	36	CD❶-17
♪ いっぽんばし こちょこちょ	37	CD❶-18
♪ どのこがよいこ	38	CD❶-19
♪ せんぞやまんぞ	39	CD❶-20
♪ いっちこ にちこ	40	CD❶-21
♪ おでん でんぐるま	41	CD❶-22
♪ いっぽ にほ さんぽよ	42	CD❶-23
♪ うまはとしとし	43	CD❶-24
♪ いちりにり	44	CD❶-25
♪ うさぎ	45	CD❶-26
♪ ぼんちこ ぼんちこ	46	CD❶-27
♪ ことりことり	47	CD❶-28
♪ えんやもものき	48	CD❶-29
♪ うえから したから	49	CD❶-30
♪ ちちん ぷい ぷい	50	CD❶-31
♪ いたいの いたいの とんでゆけ	51	CD❶-32
♪ なきむしけむし	52	CD❶-33
♪ おてんとさん	53	CD❶-34
♪ あめこんこん	54	CD❶-35
♪ だれにしようかな	55	CD❶-36
♪ ねんねんころりよ	56	CD❶-37
♪ ねんねこういち	57	CD❶-38
♪ ねんねんねやま	58	CD❶-39
♪ 中国地方の子守唄	59	CD❶-40

1.2歳児の わらべうた

♫ あんよはじょうず .... 62　CD❶-41
♫ おにさんこちら .... 63　CD❶-42
♫ ゆびきりげんまん .... 64　CD❶-43
♫ てるてるぼうず .... 65　CD❶-44
♫ ゆうやけ こやけ .... 66　CD❶-45
♫ いちばんぼし .... 67　CD❶-46
♫ おみやげみっつ .... 68　CD❶-47
♫ かえるがなくから .... 69　CD❶-48
♫ さよなら あんころもち .... 70　CD❶-49
♫ こどもとこどもが .... 71　CD❶-50
♫ こどものけんかに .... 72　CD❶-51
♫ おやゆびねむれ .... 74　CD❶-52
♫ あかちゃん .... 76　CD❶-53
♫ ちょうちん .... 77　CD❶-54
♫ おさらにたまご .... 78　CD❶-55
♫ トマトはトントン .... 79　CD❶-56
♫ せっせっせっ .... 80　CD❶-57
♫ トウキョウト にほんばし .... 81　CD❶-58
♫ うちのうらのくろねこ .... 82　CD❶-59
♫ このベルならして .... 84　CD❶-60
♫ げんこつやまの たぬきさん .... 85　CD❶-61
♫ おせんべ .... 86　CD❶-62
♫ おはぎがおよめに .... 87　CD❶-63
♫ おおさむこさむ .... 88　CD❶-64
♫ くまさん くまさん .... 89　CD❶-65
♫ ぴよぴよちゃん .... 90　CD❶-66

♫ ずいずい ずっころばし .... 91　CD❷-01
♫ おちゃをのみに .... 92　CD❷-02
♫ どんどんばし .... 94　CD❷-03
♫ かごめかごめ .... 95　CD❷-04
♫ いもむしごろごろ .... 96　CD❷-05
♫ さるのこしかけ .... 97　CD❷-06
♫ とおりゃんせ .... 98　CD❷-07
♫ かくれんぼ .... 99　CD❷-08
♫ からすかずのこ .... 100　CD❷-09
♫ おちたおちた .... 101　CD❷-10
♫ いちもんめの いっすけさん .... 102　CD❷-11
♫ ほたるこい .... 103　CD❷-12
♫ いちわのからす .... 104　CD❷-13
♫ 向こう横町 .... 105　CD❷-14

3.4.5歳児の わらべうた

♪ これくらいの おべんとばこに……108　CD②-15
♪ なかなかホイ……110　CD②-16
♪ いたずらねずみ……111　CD②-17
♪ いちにのさん……112　CD②-18
♪ ほせほせからかさ……113　CD②-19
♪ いちじく にんじん……114　CD②-20
♪ 茶ちゃつぼ……116　CD②-21
♪ いちがさした……117　CD②-22
♪ はちべえさんと じゅうべえさん……118　CD②-23
♪ じゅうごやさんの もちつき……120　CD②-24
♪ かれっこやいて……121　CD②-25
♪ 弁慶……122　CD②-26
♪ じゃんけん ほかほか……124　CD②-27
♪ じゃがいも芽だした……125　CD②-28
♪ ちょっぱー ちょっぱー……126　CD②-29
♪ おてらのおしょうさん……127　CD②-30
♪ 竹やぶのなかから……128　CD②-31
♪ ちょっとおばあさん……130　CD②-32
♪ おちゃらか……131　CD②-33
♪ なべなべそっこぬけ……132　CD②-34
♪ おしくらまんじゅ……133　CD②-35

♪ ことろ……134　CD②-36
♪ でんでらりゅうば……135　CD②-37
♪ おおなみこなみ……136　CD②-38
♪ たけのこ いっぽん……137　CD②-39
♪ あんたがたどこさ……138　CD②-40
♪ はじめのいっぽ〜
　だるまさんがころんだ……139　CD②-41
♪ らかんさん……140　CD②-42
♪ ひらいた ひらいた……141　CD②-43
♪ 花いちもんめ……142　CD②-44
♪ あぶくたった……144　CD②-45
♪ ことしのぼたん……146　CD②-46
♪ 糸屋のおばさん……147　CD②-47
♪ やまがあって……148　CD②-48
♪ がいこつ……149　CD②-49
♪ ぼうがいっぽん……150　CD②-50
♪ つるさんは まるまるむし……152　CD②-51
♪ みみずがさんびき……153　CD②-52
♪ どびん……154　CD②-53
♪ たびやのおじさん……155　CD②-54

五十音順さくいん……156
歌い出しさくいん……158

本書の特色

1 わらべうた 120曲を掲載

この本では、乳幼児に歌ってもらいたいわらべうたを120曲掲載しています。歌いながらあやしたり、寝かせたり、友達同士であそんだりと、保育のなかで折にふれ取り入れてください。

2 年齢別に 3章に分けてます

0歳児で40曲、1・2歳児で40曲、3・4・5歳児で40曲のわらべうたを紹介しています。さらに「顔あそび」、「手あそび」などあそびを分類して、どんなあそびかが一目でわかるようにしています。

3 あそびかたを わかりやすく紹介

それぞれの曲には、歌詞に合わせてイラストであそびかたを紹介。さらにあそびのポイントも解説しているので、どこに配慮していけばいいかがわかりやすくなってます。

4 歌詞がわかっていれば より楽しい

わらべうたの歌詞のなかには、日本の行事、風習などがちりばめられています。わかりにくい言葉には、歌詞の意味をつけたり、由来がわかるようにしています。保育のなかで子どもに伝えていってください。

5 イメージ広がる 楽しいイラスト

0歳児は星野イクミさん、1・2歳児は高藤純子さん、3・4・5歳児はマスリラさんと絵本などで活躍しているイラストレーターが、わらべうたのイメージをひろげてくれます。

6 付録CDはボーカル、伴奏つき

付録のCDは2枚。リズミカルな曲は軽快に、子守唄は美しい旋律など曲に合った伴奏をつけています。さらに全曲ボーカル入りですので、聞いているだけでも楽しめます。

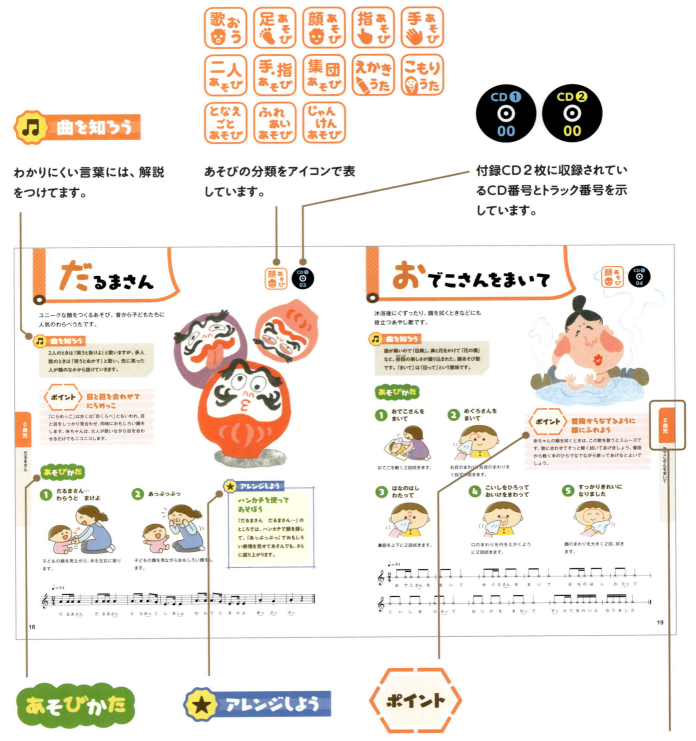

わらべうたって なぁに？

わらべうたって いつ生まれたの？

古くから歌い継がれているわらべうたですが、平安時代頃から歌われていたことが古い文献として残っています。江戸時代になって釈行智（しゃくぎょうち）が子守唄やあそび歌を集めた「童謡集」を1820年に書き、これが日本で最初に発行されたわらべうたの本とされています。有名な「うさぎ」（P45）も掲載されていて、これらの作品が基礎となって新しいわらべうたも生まれました。

「唱え歌」ってどう歌えばいい？

「いない いない ばあ」（P17）、「おでこさんをまいて」（P19）のように、五線譜ではなく、一本線の上に♩マークの音符がついているものは、「唱え歌」といいます。唱えるというのは、声に出して繰り返して言うことです。たとえば、「いれて」「いいよ」という言葉を「いれて いいよ いれて いいよ…」と、何度も唱えると、リズムと音の高低（メロディー）ができあがってきます。これが「唱え歌」なのです。基本は、子どもに語りかけるように唱えましょう。

メロディーの「ヨナ抜き」ってなあに?

わらべうたは人々が唱えることで全国に広がり、自然とメロディーが生まれました。明治時代に西洋の音楽が日本に入ってきたときに、五線譜の上に書き写したところ、ドレミファソラシの4番目のファと7番目のシの音を使わずにつくられていることがわかりました。これを「ヨナ抜き」(四七抜き長音階)と呼び、日本音階の特徴のひとつといわれています。

正しいわらべうたってあるの?

わらべうたの多くは口から口へと伝承されているため、少しずつ言葉やメロディーが違うことがあります。「いちじく にんじん」(P114)で「とうなす」を「とうがらし」に歌いかえるなど、その地域のなじみのある物の名称に置きかえる場合も。さらに、時代の変化とともに歌詞が足されたり、割愛したりする場合もあり、これが正しいといえるものはありません。そのときどきの子どもたちの興味に合わせて変化してきた歌だからこそ、今日まで伝わり続けたのだともいえます。

年齢別 わらべうたの楽しみかた

0歳児前半

赤ちゃんの好みの歌いかたで心をふれあって

赤ちゃんは、お母さんのお腹のなかにいるときから耳が聞こえていて、生後すぐでも声のトーンやテンポには敏感に反応する力をもっています。最初は「いない いない ばあ」(P17)や「だるまさん」(P18)のような、短い言葉の曲をリズミカルに唱えてみましょう。赤ちゃんの機嫌のよいときに高い声や低い声で歌って、興味を示す歌いかたを探します。肉声で歌いかけることは、スキンシップと同じように、心の安定をはかる効果があります。たっぷり歌いかけてあげましょう。

0歳児後半

動きを交えながら一緒に楽しもう

0歳児後半の発達の最大の特徴は、歩き始めようとすることです。歩けるようになると自由に動けるようになり、自分の好きなこと、やりたいことがはっきりしてきます。座ってやるだけのあそび歌より、立ったり動いたりするあそびを好みます。「うまはとしとし」(P43)、「うえから したから」(P49)など、少しスリルのあるあそびに歓声をあげます。その反面、ちょっとしたことでも不安になるので、「にんどころ」(P20)など、ふれあいあそびもバランスよく取り入れましょう。

1.2歳児

保育者との関係を深めてから友達との集団あそびを

1歳を過ぎると早い子では自我が芽生え始め、なんでも「自分で！」と主張するようになります。わらべうたであそぶときも、無理に早くから集団であそぶのではなく、「このベルならして」(P84)のような保育者と1対1で関わる歌であそび、保育者との関係を深めていきましょう。それができるようになると、「ずいずい ずっころばし」(P91)でも待っていることができたり、「いもむしごろごろ」(P96)で友達とつながったりすることの楽しさを理解するようになります。

3.4.5歳児

知的好奇心を満たす意欲的な集団あそびに

好奇心が大きく育ってくる3歳児はなんでもまねをします。じゃんけんを覚え、勝ち負けのルールも理解するでしょう。「ちょっとおばあさん」(P130)など、じゃんけんの歌あそびを取り上げてみましょう。また4・5歳児は多人数の集団で意欲的にあそびます。「たけのこ いっぽん」(P137)、「花いちもんめ」(P142)といった、動きにルールがあり、言葉のやりとりも楽しい知的な集団あそびを取り入れ、心と体の両方を鍛えましょう。

CD収録曲リスト

TRACK	曲名	時間	ボーカル
1	あがりめさがりめ	41秒	金子みどり
2	いない いない ばあ	32秒	内田順子
3	だるまさん	36秒	柴本浩行
4	おでこさんをまいて	25秒	内田順子
5	にんどころ	37秒	金子みどり
6	草ぼうぼう	28秒	柴本浩行
7	ちょち ちょち あわわ	28秒	内田順子
8	にっころ にっころ	25秒	内田順子
9	にぎりぱっちり	31秒	金子みどり
10	てのひらぽっつんこ	24秒	内田順子
11	かいぐり かいぐり	20秒	内田順子
12	おやゆびさんで パーチパチ	37秒	柴本浩行
13	こめこめ こっちへこー	30秒	内田順子
14	ここは てっくび	23秒	柴本浩行
15	ちいさいまめ こーろころ	33秒	内田順子
16	ふくすけさん	22秒	柴本浩行
17	ぼうずぼうず	30秒	内田順子
18	いっぽんばし こちょこちょ	51秒	内田順子
19	どのこがよいこ	26秒	内田順子
20	せんぞやまんぞ	30秒	金子みどり
21	いっちこ にちこ	24秒	内田順子
22	おでん でんぐるま	28秒	内田順子
23	いっぽ にほ さんぽしよ	42秒	内田順子
24	うまはとしとし	26秒	柴本浩行
25	いちりにり	30秒	内田順子
26	うさぎ	26秒	金子みどり
27	ぽんちこ ぽんちこ	29秒	内田順子
28	ことりことり	42秒	内田順子
29	えんやらもものき	28秒	内田順子
30	うえから したから	29秒	柴本浩行
31	ちちん ぷい ぷい	20秒	内田順子
32	いたいの いたいの とんでゆけ	24秒	内田順子
33	なきむしけむし	19秒	柴本浩行
34	おてんとさん	37秒	内田順子
35	あめこんこん	38秒	内田順子
36	だれにしようかな	38秒	内田順子
37	ねんねんころりよ	1分44秒	金子みどり
38	ねんねころいち	2分59秒	金子みどり
39	ねんねんねやま	1分6秒	金子みどり
40	中国地方の子守唄	2分17秒	金子みどり
41	あんよはじょうず	19秒	内田順子
42	おにさんこちら	23秒	内田順子
43	ゆびきりげんまん	16秒	内田順子
44	てるてるぼうず	33秒	柴本浩行
45	ゆうやけ こやけ	33秒	内田順子
46	いちばんぼし	38秒	内田順子
47	おみやげみっつ	23秒	柴本浩行
48	かえるがなくから	17秒	内田順子
49	さよなら あんころもち	21秒	内田順子
50	こどもとこどもが	35秒	金子みどり
51	こどものけんかに	27秒	柴本浩行
52	おやゆびねむれ	31秒	内田順子
53	あかちゃん	31秒	内田順子
54	ちょうちん	25秒	内田順子
55	おさらにたまご	21秒	内田順子
56	トマトはトントン	19秒	柴本浩行
57	せっせっせっ	20秒	内田順子
58	トウキョウト にほんばし	25秒	内田順子
59	うちのうらのくろねこ	31秒	柴本浩行
60	このベルならして	29秒	内田順子
61	げんこつやまの たぬきさん	50秒	金子みどり
62	おせんべ	21秒	内田順子
63	おはぎがおよめに	34秒	内田順子
64	おおさむこさむ	22秒	内田順子
65	くまさん くまさん	39秒	柴本浩行
66	ぴよぴよちゃん	29秒	内田・柴本

TRACK	曲名	時間	ボーカル
1	ずいずい ずっころばし	56秒	金子みどり
2	おちゃをのみに	44秒	内田・柴本
3	どんどんばし	19秒	内田順子
4	かごめかごめ	43秒	金子みどり
5	いもむしごろごろ	55秒	内田順子
6	さるのこしかけ	25秒	内田順子
7	とおりゃんせ	54秒	金子みどり
8	かくれんぼ	36秒	内田・柴本
9	からすかずのこ	39秒	内田順子
10	おちたおちた	48秒	内田・柴本
11	いちもんめの いっすけさん	48秒	金子みどり
12	ほたるこい	40秒	金子みどり
13	いちわのからす	1分3秒	金子みどり
14	向こう横町	55秒	金子みどり
15	これくらいの おべんとばこに	35秒	内田順子
16	なかなかホイ	19秒	内田順子
17	いたずらねずみ	30秒	内田順子
18	いちにのさん	35秒	内田順子
19	ほせほせからかさ	31秒	内田順子
20	いちじく にんじん	26秒	柴本浩行
21	茶ちゃつぼ	21秒	内田順子
22	いちがさした	31秒	内田順子
23	はちべえさんと じゅうべえさん	36秒	柴本浩行
24	じゅうごやさんの もちつき	1分	金子みどり
25	かれっこやいて	21秒	内田順子
26	弁慶	25秒	柴本浩行
27	じゃんけん ほかほか	28秒	内田順子
28	じゃがいも芽だした	21秒	金子みどり
29	ちょっぱー ちょっぱー	23秒	内田順子
30	おてらのおしょうさん	35秒	金子みどり
31	竹やぶのなかから	1分	柴本浩行
32	ちょっとおばあさん	25秒	内田順子
33	おちゃらか	28秒	内田・柴本
34	なべなべそっこぬけ	36秒	金子みどり
35	おしくらまんじゅ	19秒	内田順子
36	ことろ	31秒	内田・柴本
37	でんでらりゅうば	36秒	金子みどり
38	おおなみこなみ	17秒	内田順子
39	たけのこ いっぽん	52秒	内田・柴本
40	あんたがたどこさ	41秒	金子みどり
41	はじめのいっぽ〜 だるまさんがころんだ	35秒	内田順子
42	らかんさん	30秒	内田順子
43	ひらいた ひらいた	1分13秒	金子みどり
44	花いちもんめ	1分9秒	内田・柴本
45	あぶくたった	50秒	内田・柴本
46	ことしのぼたん	51秒	金子みどり
47	糸屋のおばさん	12秒	内田順子
48	やまがあって	28秒	柴本浩行
49	がいこつ	29秒	柴本浩行
50	ぼうがいっぽん	1分5秒	柴本浩行
51	つるさんは まるまるムし	19秒	柴本浩行
52	みみずがさんびき	40秒	柴本浩行
53	どびん	33秒	柴本浩行
54	たびやのおじさん	28秒	柴本浩行

0歳児 わらべうた

ねんね、お座り、たっちと個人で発達の差があるこの年齢、
子どもと1対1でゆったりと関わりながらわらべうたであそびましょう。

- あがりめさがりめ …16
- いない いない ばあ …17
- だるまさん …18
- おでこさんをまいて …19
- にんどころ …20
- 草ぼうぼう …22
- ちょち ちょち あわわ …24
- にっころ にっころ …26
- にぎりぱっちり …27
- てのひらぽっつんこ …28
- かいぐり かいぐり …29
- おやゆびさんで パーチパチ …30
- こめこめ こっちへこー …31
- ここは てっくび …32
- ちいさいまめ こーろころ …33
- ふくすけさん …34
- ぼうずぼうず …36
- いっぽんばし こちょこちょ …37
- どのこがよいこ …38
- せんぞやまんぞ …39
- いっちこ にちこ …40
- おでん でんぐるま …41
- いっぽ にほ さんぽしよ …42
- うまはとしとし …43
- いちりにり …44
- うさぎ …45
- ぼんちこ ぼんちこ …46
- ことりことり …47
- えんやらもものき …48
- うえから したから …49
- ちちん ぷい ぷい …50
- いたいの いたいの とんでゆけ …51
- なきむしけむし …52
- おてんとさん …53
- あめこんこん …54
- だれにしようかな …55
- ねんねんころりよ …56
- ねんねころいち …57
- ねんねんねやま …58
- 中国地方の子守唄 …59

あがりめさがりめ

目のまわりを指で触ることで変化する顔を楽しむ、昔ながらのあそび歌です。

🎵 曲を知ろう

江戸を中心に広く歌われていたわらべうたの定番ソングです。2番の「とっとのめ」は、にわとりの目を指します。

ポイント 顔の変化をダイナミックに

基本のあそびかたは目尻を歌詞の通りに上げ下げしてから目のまわりをなぞりますが、保育者がやってみせるときは「ねこのめ」で、口や頬も動かしておもしろい顔をしてみましょう。

0歳児
あがりめさがりめ

あそびかた

1

2

3

4 ねこのめ（ 2番 とっとのめ）

子どもの目を保育者が人差し指でつり上げます。

目を下げます。

目のふちに丸く円をかきます。

目を寄せて両端にひっぱります。2番は目を中央に押します。

いない いない ばあ

「ばあ」の瞬間におもしろい顔を見せると、子どもは大喜び。声をあげて笑ってくれます。

🎵 曲を知ろう

隠れて「いないいない…」と思ったら「ばあ！」と人や物が飛び出してきてびっくり。あやしあそびの定番です。Aが基本形ですがBやCのようにアレンジしても。

ポイント　ハンカチやうちわを使っても

あそびに慣れてきたら、ハンカチやうちわを使って顔を隠してみましょう。また、子どもの反応を見ながらリズムをかえ、ワクワク感を演出します。

あそびかた

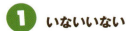

両手で顔を隠します。

両手をひろげて顔を出します。

★ アレンジしよう

タイミングに変化をつけよう

「いないいなーい…」と音を長く伸ばしてから「ばあ」と顔を出したり、「いないいない…」の間に顔を出したり引っ込めたりしても喜びます。

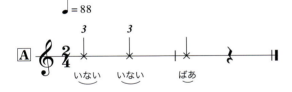
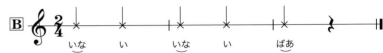
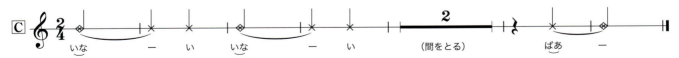

だるまさん

ユニークな顔をつくるあそび。昔から子どもたちに人気のわらべうたです。

🎵 曲を知ろう

2人のときは「笑うと負けよ」と歌いますが、多人数のときは「笑うとぬかす」と歌い、先に笑った人が輪のなかから抜けていきます。

ポイント　目と目を合わせてにらめっこ

「にらめっこ」は古くは「目くらべ」ともいわれ、目と目をしっかり見合わせ、同時におもしろい顔をします。赤ちゃんは、大人が歌いながら目を合わせるだけでもニコニコします。

0歳児　だるまさん

あそびかた

1 だるまさん…わらうと　まけよ

子どもの顔を見ながら、手を左右に振ります。

2 あっぷっぷっ

子どもの顔を見ながらおもしろい顔をします。

★ アレンジしよう

ハンカチを使ってあそぼう

「だるまさん　だるまさん…」のところでは、ハンカチで顔を隠して、「あっぷっぷっ」でおもしろい表情を見せてあそんでも、さらに盛り上がります。

だるまさん　だるまさん　にらめっこ　しましょ　わらうと　まけよ　あっ　ぷっ　ぷっ

おでこさんをまいて

沐浴後にぐずったり、顔を拭くときなどにも役立つあやし歌です。

🎵 曲を知ろう

眼が黒いので「目黒」。鼻と花をかけて「花の橋」など、掛詞の楽しさが織り込まれた、顔あそび歌です。「まいて」は「回って」という意味です。

あそびかた

1 おでこさんをまいて

おでこを軽く2回拭きます。

2 めぐろさんをまいて

右目のまわり、左目のまわりを1回ずつ拭きます。

ポイント　普段からなでるように顔にふれよう

赤ちゃんの顔を拭くときは、この歌を歌うとスムーズです。歌に合わせてそっと軽く拭いてあげましょう。普段から軽く手のひらでなでながら歌ってあげるとよいでしょう。

3 はなのはしわたって

鼻筋を上下に2回拭きます。

4 こいしをひろっておいけをまわって

口のまわりを円をえがくように2回拭きます。

5 すっかりきれいになりました

顔のまわりを大きく2回、拭きます。

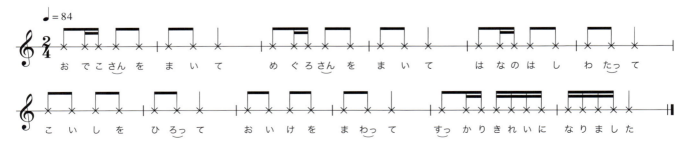

0歳児　おでこさんをまいて

にんどころ

あなたは誰に似たのかな？　という
想いを込めて歌い、あそびましょう。

🎵 曲を知ろう

「にんどころ」は似たところという意味。「だいどう」は、大きなわらべ（童）大切なわらべという言葉と大きな道（大道）が掛詞（かけことば）になっています。

ポイント　信頼関係を深めるあそびとして

赤ちゃんが大人に心を開くようになると、顔を触られることを喜んで受け入れるようになります。そうした信頼関係ができた頃にやってみたいふれあいあそびです。

0歳児 にんどころ

こ こは とう ちゃん にんどころ こ こは かあ ちゃん にんどこ
ろ こ こは じい ちゃん にん ど こ ろ こ こは ばあ ちゃん
にん ど こ ろ ほそみち ぬけて だいどう こちょこちょ

あそびかた

1 ここはとうちゃん にんどころ

子どもを膝にのせて、右の頬を軽くつつきます。

2 ここはかあちゃん にんどころ

左の頬を軽くつつきます。

3 ここはじいちゃん にんどころ

おでこを軽くつつきます。

4 ここはばあちゃん にんどころ

あごを軽くつつきます。

5 ほそみちぬけて

鼻筋を優しくなでます。

6 だいどう

顔全体を円をえがくようになでます。

7 こちょこちょ

脇の下をくすぐります。

★ アレンジしよう

保育者の顔を触らせてあそぼう

子どもの顔であそんだあとは、子どもの手を持ち、今度は保育者の顔で同じようにあそんでみましょう。最後は、子どもの脇の下をくすぐります。

草ぼうぼう

髪の毛やおでこなどを、ひろばや一本道に見立てて楽しむふれあいあそびです。

🎵 曲を知ろう

草は髪の毛、ひろばはおでこに、一本道は鼻筋、池は口、崖の下はあごを表現しています。食後の顔を拭くときに歌っても役立ちます。

ポイント 機嫌のよいときにゆったりと

赤ちゃんの機嫌のよいときに、ゆったりと歌いながら、優しくふれあってあそびましょう。顔をさまざまな場所に見立てて表現しているので、2本の指で歩くように顔を触っても楽しめます。

0歳児　草ぼうぼう

♩=82

く さ ぼう　ぼう　ひ ろ ば を まわっ て いっ ぽん み ち
と おっ て い けのまわりを まわっ て が けのし た を こ ちょこちょ
こちょ　こちょ　こちょ　こちょ　こちょ　ー

あそびかた

1 くさぼうぼう

子どもを膝にのせて、頭をなでます。

2 ひろばをまわって

ひたいを指で軽くなでます。

3 いっぽんみちとおって

指で鼻を上から下へなで下ろします。

4 いけのまわりをまわって

口元を指で軽くつついてから、口のまわりを円をえがくようになぞります。

5 がけのしたをこちょこちょ

顎の下を触り、最後に軽くくすぐります。

6 こちょ…こちょー

子どもの体を自由にくすぐり、最後に抱きしめます。

★ アレンジしよう

沐浴のあとは全身を使って

顔のまわりを拭くようになでるあそびですが、沐浴で全身を拭くときにも役立ちます。「いっぽんみち」はおへそのほうまで、「がけのした」は背中のほうまでタオルを滑らせましょう。

膝に座らせ子どもの両手を使ってあそぼう

保育者が子どもの両手を持ち、子ども自身で顔や頭を触ってあそんでも喜びます。最後の「こちょこちょ…」は同じように子どもをギュッと抱きしめましょう。

ちょち ちょち あわわ

ユニークな言葉の繰り返しで音の変化を楽しむあそびです。
「あわわ」のフレーズをユーモラスに！

🎵 曲を知ろう

「ちょち ちょち」は「ちょん ちょん」と拍子をとる音。「あわわ」は声を出しながら口を手のひらですばやくたたくと出る音を表現しています。「かいぐり」は、かいな（腕）をくぐることをいいます。

ポイント　ゆっくり　語りかけるように

拍手したり、手で口をたたくなど、赤ちゃんが早くからできるしぐさを取り入れたあそびです。ゆっくり語りかけるように歌い、言葉の響きのおもしろさを味わえるようにしましょう。

0歳児　ちょち ちょち あわわ

ちょち ちょち あわわ かいぐりかいぐり とっとのめ
おつむ てんてん ひじ ぽんぽん

あそびかた

① ちょち ちょち

子どもを膝にのせて、両手をとり2回たたきます。

② あわわ

手のひらで口元を軽く3回たたきます。

③ かいぐり かいぐり

両手をグーにして、体の前で上下にまわします。

④ とっとのめ

両手で目元を軽く2回たたきます。

⑤ おつむてんてん

両手のひらで頭を3回軽くたたきます。

⑥ ひじぽんぽん

片方のひじを曲げ、もう一方の手のひらで軽く1回たたきます。手を入れかえて繰り返します。

★ アレンジしよう

はじめに保育者がやってみせよう

子どもの手であそぶ前に、まずは保育者がやってみせるのもアイデア。音の楽しさとユニークなしぐさに子ども自身も興味津々であそぶことができます。

あわわ…

向かい合ってあそぶと楽しい！

人数が多いときは、子ども同士が向かい合ってやってみるとさらに盛り上がります。「あわわ」の場面では、声をあげて喜びます。

あわわ…

にっころ にっころ

おにぎりを握るしぐさをしてあそぶわらべうたです。
シンプルなのですぐに覚えられます。

🎵 曲を知ろう

長野県を中心に歌われているあそびです。「にっころ」はおにぎりの幼児語。丸いおにぎりが手のなかからできあがる様子をよく表しています。

ポイント 子どもの動作をサポートしよう

簡単なしぐさあそびですが、上下の手を交互に合わせるところは、大人が考える以上に難しい動作です。子どもの後ろから手を添えて、ゆっくりと動作をサポートしましょう。慣れてきたら、握るテンポを次第に速くしましょう。

あそびかた

子どもを膝にのせて、両手を上下にし、おにぎりを握るしぐさをします。歌に合わせて交互に上下をかえます。

★ アレンジしよう

最後はパクッ

繰り返しあそんだあとは、子どもの手を持って、「パクッ」と保育者が食べる動作をしましょう。「おいしいなぁ！」などと言いながらあそびを発展させましょう。

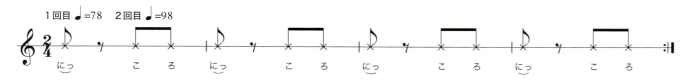

にぎりぱっちり

「グー」と「パー」を繰り返したあと、
ひよこに変身して鳴いてみましょう。

🎵 曲を知ろう

「にぎり」は「グー」の手。「ぱっちり」は「パー」の手を表します。「たてよこ」の「よこ」と「ひよこ」の「よこ」が掛詞(かけことば)になっています。

ポイント ひよこになってあそぼう

乳児ができる「グー」と「パー」を中心に構成された手あそび歌です。大きいひよこ、小さいひよこなど、しぐさの大きさをかえ、最後は「ピヨピヨ…」と元気に歌ってあそびましょう。

あそびかた

1 にぎり

子どもを膝にのせて、両手をグーに握ります。

2 ぱっちり

両手をパーに開きます。

3 たてよこ

両手を上から下におろし、その後、左右にひろげます。

4 ひよこ ピヨピヨピヨーッ

ひよこのように両手を軽く縮め上下に振ります。

てのひらぽっつんこ

 手・指あそび CD① 10

子どもと向かい合って、手のひらに刺激を与えます。
繰り返しあそび、感触を楽しみましょう。

🎵 曲を知ろう

「ぽっつんこ」は雨がぽつぽつと降ってきたときの様子を表現しています。雨粒のように優しくつつき、「ぎゅう」で強めにつねるしぐさをしながら軽くつねります。

ポイント　リズムや強さに変化をつけて

手のひらには刺激を感じるセンサーがたくさんあります。リズミカルにつついたり握ったりすることで「なんだか楽しそうだな」というワクワク感を演出しましょう。

あそびかた

1 てのひら

子どもの手のひらをなでます。

2 ぽっつんこ

人差し指で手のひらをつつきます。

3 ひっくりかえして

裏返して手の甲に向けます。

4 ぎゅう

手の甲を軽くつねります。

かいぐり かいぐり

0歳児が好む動作が題材のわらべうた。
あそび慣れたらテンポを速くしてあそびましょう。

🎵 曲を知ろう

片手のこぶしがもう片方の腕のなかをくぐるしぐさを「かいぐり」といいます。「とっとのめ」は鳥や魚の目のこと。ここでは魚の目をいいます。「おちょぼ」は「小さい」を意味し、ここでは、ニワトリの目を指します。

ポイント　あそびに慣れたらスピードアップ！

あそびに慣れたら、回転する手の速さを徐々に速くしてみましょう。

あそびかた

1番

① かいぐり かいぐり

子どもを膝にのせ、手をグーの形にしてかいぐりをします。

② とっとのめ

片方の人差し指で、もう片方の手のひらをつつきます。

2番

③ かいぐり かいぐり おちょぼのめ

①の動作をしたあと、子どもの目のふちを人差し指で軽く触ります。

おやゆびさんでパーチパチ

左右の指を1本ずつ順番に打ち合わせながら、最後は5本の指全部で「パーチパチ！」

🎵 曲を知ろう

江戸時代、口紅は練紅といい、薬指につけて唇に塗っていました。そのため、薬指を「紅指」と呼んでいました。

ポイント　声に強弱をつけてあそぼう

言葉に合わせて左右の同じ指を打ち合わせます。特に「あかちゃんゆびで パーチパチ」は小さいしぐさで小さく歌い、最後は元気に拍手をして盛り上げましょう。

あそびかた

1 おやゆびさんでパーチパチ

子どもを膝にのせ、両手の親指を打ち合わせます。

2 ひとさしゆびさん…あかちゃんゆびでパーチパチ

人差し指から小指まで順に同様に打ち合わせます。

3 きこえないから

両手を耳にあてて小さい声で唱えます。

4 パーチパチ

5本の指全部で大きく3回拍手します。

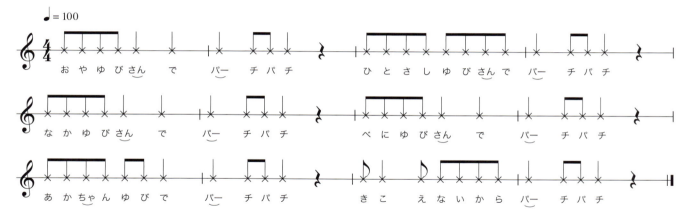

こめこめ こっちへこー

両手首を動かしてあそぶわらべうたです。
動作が難しいときは、保育者が援助しましょう。

🎵 曲を知ろう

「こっちへこー」はこっちに来いという意味。米はこっちに来て、米より粗末な粟はあっちへ行ってほしいと歌っています。

ポイント 手首の動作が難しいときは援助を

手首が上手に返せるようになると、手先の巧緻性もアップします。押す動作はすぐにできますが、手前に向けることが難しいときは後ろから手を添えましょう。

あそびかた

1 こめこめ こっちへこー

子どもを膝にのせ、両手のひらを前に向けて、手前に4回振ります。

2 あわあわ あっちゆけ

両手のひらを外へ向けて4回押します。

★ アレンジしよう

〇〇こっちへこー
〇〇あっちゆけ

「ニコニコ こっちへこー なきむし あっちゆけ」など歌詞をアレンジしましょう。「スヤスヤ」「プンプン」などわかりやすい表現にすることがポイントです。

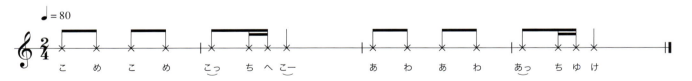

ここは てっくび

子どもの手首や指の感覚を刺激してあそぶ手あそび歌です。
スキンシップをたっぷり楽しみましょう。

🎵 曲を知ろう

「てっくび」は手首、「せったかぼうず」は中指、「かんたろさん」は小指でお酒のお燗の温度を計ったことに由来しています。

あそびかた

1 ここは てっくび
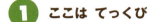
子どもを膝にのせ、手首を1回大きくまわすようになでます。

2 てのひら
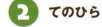

手のひらを軽く2回たたきます。

3 ありゃりゃに

親指を1回つまみます。

4 こりゃりゃ

人差し指を1回つまみます。

5 せったかぼうずに

中指を1回つまみます。

6 いしゃぼうず

薬指を1回つまみます。

7 おさけわかしの かんたろさーん
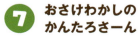

小指を3回つまみ、最後の「さん」で小指を小刻みに振ります。

ポイント 楽しいリズムで

言葉のリズムがとても楽しいわらべうたです。慣れるまではゆっくりとていねいに歌い、どの指を触っているのかがわかるようにあそびましょう。

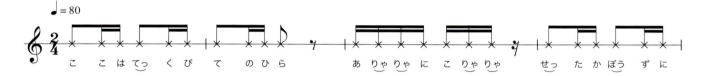
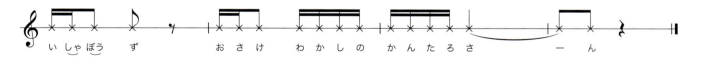

ちいさいまめ こーろころ

普段、あまり触られない足の指をスキンシップするあそびです。
テンポをかえて繰り返しあそびましょう。

🎵 曲を知ろう

足の裏から見た指の先を小さな豆に見立てています。「もちっとふくれてこーろころ」のところは2回繰り返して歌いましょう。

あそびかた

1 ちいさいまめ こーろころ

小指を軽くつまんで2回ひっぱります。

2 ちっとふくれて こーろころ

薬指を軽くつまんで2回ひっぱります。

ポイント　おむつ替えのときに活用しよう

足の指に刺激を与えることは、乳児の神経をはじめさまざまな機能を発達させます。おむつを交換したりお昼寝から目覚めたときに最適です。

3 もちっとふくれて こーろころ

中指を軽くつまんで2回ひっぱります。

4 こんなにふくれて

人差し指を軽くつまんで1回ひっぱります。

5 こーろころ

親指を軽くつまんで1回ひっぱります。

ふくすけさん

子どもの足の指を順番につまんでいくあそびです。
くすぐったさに子どもたちは大喜びです。

🎵 曲を知ろう

「ふくすけさん」は背が低くて頭の大きい童顔の男の人形のことで、幸福を招くといわれています。「かんましな」は「かきまわす」という意味です。

ポイント　足の指を刺激して発達を促そう

乳児期は体を触られることで刺激を受け、さまざまな体の各部位の機能が発達します。普段はあまり触ることのない足の指を優しく触って刺激しましょう。特に春夏など裸足であそぶ時期に取り入れたいあそびです。

0歳児　ふくすけさん

ふくすけさん　えんどうまめがこげる
よ　はやくいってかんましな

あそびかた　子どもは足を伸ばして、保育者と向かい合います。

1 ふくすけ

足の小指をつまみます。

2 さん

薬指をつまみます。

3 えんどう
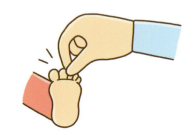
中指をつまみます。

4 まめが

人差し指をつまみます。

5 こげる
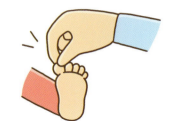
親指をつまみます。

6 よ

折り返して人差し指をつまみます。

7 はやく

中指をつまみます。

8 いって

薬指をつまみます。

9 かんましな
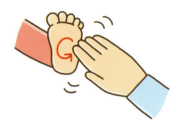
「かんまし」で小指をつまみ、「な」で足の裏を丸くなでてくすぐります。

ぼうずぼうず

子どもを抱っこしながら歌って聞かせます。
短く簡単なので、どんな場面でもあそべます。

🎵 曲を知ろう

「ぼうず」はお坊さんの意味の他に「子ども」「小僧」の意味もあります。ここでは「膝小僧」を「ひざぼうず」と例えて歌っています。

ポイント　スキンシップに活用しよう

短いフレーズにシンプルな動作のわらべうたです。食後のときなど、ゆったりした時間を過ごしたいときに語りかけるように歌い、スキンシップをはかりましょう。

あそびかた

1　ぼうずぼうず　ひざぼうず

子どもを膝にのせ、膝小僧をなでます。

2　ゆうちゃんのぼうず
（子どもの名前を歌います）

子どもの膝小僧を軽くたたきます。

3　こんにちは

子どもの膝小僧を持ち、一緒におじぎをします。

いっぽんばし こちょこちょ

子どもの手をつねったりくすぐったりしてあそびます。
どの子も喜ぶ、ふれあい指あそびです。

🎵 曲を知ろう

これに類する歌で、東京のわらべうたで「にほんばしこちょこちょ」というあそびがあります。「日本橋」と指の「2本」が掛詞(かけことば)になっています。

あそびかた

2番は、❶を2本の指で行います。

❶ 1番 いっぽんばし
子どもの手のひら(または甲)を1本の指でゆっくりなでます。

❷ こちょこちょ
子どもの手のひらをくすぐります。

ポイント 指の数を1本ずつ増やしてあそぼう

1番、2番と同じように、「さんぼんばし」は3本の指で…となでる指の数を増やして「ごほんばし」まであそびましょう。

❸ ばんそこはって
手の甲を押さえて、ばんそうこうを貼るしぐさをします。

❹ つねって
手の甲を軽くつねります。

❺ なーでて
手の甲をゆっくりなでます。

❻ ぽん
手のひらを軽くたたきます。

1. いっ ぽん ば し こ ちょ こ ちょ ばん そ こ はっ て つ ねっ て なー で て ぽん
2. に ほん ば し こ ちょ こ ちょ ばん そ こ はっ て つ ねっ て なー なー で て ぽん

0歳児　いっぽんばし こちょこちょ

どのこがよいこ

「あなたはよい子ですよ」と歌ってあげるあそび。
最後には子どもの名前を呼びましょう。

🎵 曲を知ろう

本来は数人の子どもたちが輪になり、大人が一人ずつ指差して歌の最後に当たった子が鬼になる、鬼決めあそびです。

ポイント　軽快に体を触って心に安定感を

リズミカルな歌なので、弾むように体を軽くつつきます。乳幼児期の子どもは、体にふれられることで心の安定感を保つことができます。

あそびかた

歌に合わせて自由に軽くつつきます。「よいこ」の「こ」は子どもの顔（頬やおでこ）を優しく触ります。

★ アレンジしよう

みんなよい子でギューッ！

子どもが複数いるときは、「どの」で一人目、「こが」で二人目…と触っていき、最後はみんなまとめてギューッと抱きしめましょう。

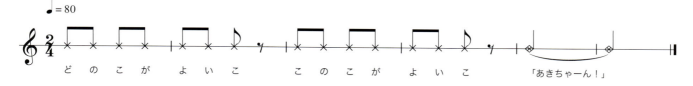

0歳児　どのこがよいこ

せんぞやまんぞ

子どもを膝の船にのせて、船をこぐ動作をします。
何人かで一緒に揺れても楽しい！

🎵 曲を知ろう

せんぞは「千艘」、まんぞは「万艘」で、たくさんの舟を意味し、そこに恵比寿様と大黒天がいるという歌です。

ポイント　はじめはゆっくりと徐々に大きく動こう

体をゆっくりと前後に動かして、舟をこぐしぐさをします。最初は小さくこぎ、子どもがあそびに慣れたら体を大きく前に倒したり後方に伸びたりしてあそびましょう。

あそびかた

子どもを膝にのせて、歌いながら舟をこぐように前後に押したり引いたりしてあそびましょう。

★ アレンジしよう

折り紙舟でギッチラコ！

折り紙で舟を折り、ペープサートのように棒をつけます。大人がこれを持って、「ギッチラギッチラ」のところで動かして、この曲が舟のことを歌っているのだと気づかせましょう。

いっちこ にちこ

子どもの体を下から順に触り、
最後はおでこを優しくなでるあそびです。

🎵 曲を知ろう

「いっちこ」は「いっこ」のはやし言葉で「ご」と「ごっちんこ」が掛詞（かけことば）。数を数えるとき、古くは「いっちょすい　にちょすい」「いっけちょ　にけちょ」などと歌われていました。

あそびかた

1 いっちこ

おへそを2回つつきます。

2 にちこ

胸を2回つつきます。

ポイント　ドキドキ感を演出してあそぼう

おへそから触り、徐々に上にあがっていきます。「次はどこかな」などとドキドキ感をたっぷり演出し、最後は「ごっちんこ」とおでこをなでます。

3 さんちこ

あごを2回つつきます。

4 よんちこ

鼻の頭を2回つつきます。

5 ごっちんこ

おでこを2回なでます。

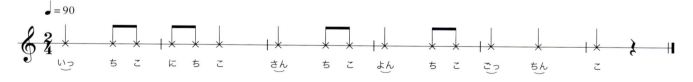

おでん でんぐるま

子どもを膝の上にのせ、揺らしてあそびます。
最後で床に落とすところはスリル満点！

🎵 曲を知ろう

「でんぐるま」は「肩車」の意味。肩車のかわりに膝の上にのせて、最後で落とされるスリルを楽しみます。

ポイント　速度が速くなりすぎないよう注意をしよう

子どもを膝にのせてリズミカルに上下に動かします。月齢の低い子はできるだけゆっくり行いましょう。首が揺れすぎないよう、ほどほどの速度で行うように心がけて。

あそびかた

1 おでんでんぐるまに…すととーん

向かい合って、子どもを膝にのせ、膝を上下に揺らします。

2 しょ

足を開いて、子どもをトンと床に降ろします。

★ アレンジしよう

座る向きをかえてあそぼう

子どもが反対側に向いて座ったり、横に向いて座ったりと、向きをかえてあそぶのもアイデア。揺らしかたにも変化をつけるとさらに楽しめます。

いっぽ にほ さんぽしよ

ふれあいあそび　CD① 23

どこでも気軽にあそべる腕のスキンシップ。
慣れたら子ども同士でもあそべます。

🎵 曲を知ろう

数字の「さん」と「さんぽ」が掛詞(かけことば)になっています。
「ここんところ」をおでこやお腹にかえてあそんでも。

ポイント　歌の最後は名前を呼んで

人差し指と中指を人間の足に見立てて「腕のお山」を登っていくふれあいあそび。「ひとやすみ」のあとに「〇〇ちゃん」と名前を呼んでからくすぐると喜びます。

あそびかた

1 いっぽ にほ さんぽしよ

子どもの手をとり、人差し指と中指で手首から上にのぼっていきます。

2 ここんところで ひとやすみ

腕の付け根まできたら7回つつきます。

3 こちょ こちょ こちょ

脇の下を人差し指でくすぐりましょう。

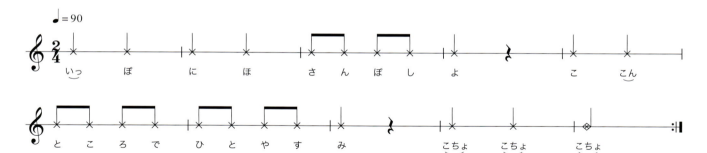

0歳児　いっぽ にほ さんぽしよ

うまはとしとし

ふれあいあそび　CD① 24

子どもを膝の上にのせ、乗馬をしているような
リズムで揺らしてあそびます。

🎵 曲を知ろう

「としとし」とは、「疾し疾し」という言葉で、速い、勢いが
よいという意味を持っています。

ポイント　しっかりと体を支えながら すばやく揺らそう

子どもを膝の上にのせて、大人が上下に弾ませます。大人が
「馬」で子どもが「乗り手」です。「乗り手」が落ちたり怖がら
ないように、しっかりと体を支えてあそびましょう。

あそびかた

1 うまはとしとし…
パカ　パカ　パカ　パカ

子どもを膝にのせて、リズムに合わせて
膝を上下に動かして揺らします。

2 ヒヒーン

子どもを抱き上げ、「高い高い」をします。

★ アレンジしよう

はじめは床に座って

子どもが怖がるようなら、はじめ
は床に座ってゆっくりあそんでみ
ても。徐々に楽しめるようになっ
たら、椅子に座ってダイナミック
にあそびます。

0歳児　うまはとしとし

いちりにり

足先からジリジリとなでていき、
最後はお尻をくすぐってあそびます。

🎵 曲を知ろう

「いちり（一里）」は約3.93キロのこと。「二里、三里…」と数えながら足首、膝頭と進み「四里」と「尻」をかけた言葉あそびです。「三里」は膝頭の下のくぼんだところで、ここに灸をすえると万病に効くといわれています。

ポイント メリハリをつけてスリル感アップ！

足先からだんだんとお尻のほうへと触りますが「いつ、くすぐられるかな」というスリルを楽しむことがポイント。「さんり」の「り」を長く伸ばし「しりしり…」をすばやく行うと効果的です。

0歳児 いちりにり

あそびかた

① いちり

両手で子どもの足先を優しく握るように押さえます。

② にり

両足の足首と膝の中間部を押さえます。

③ さんりー

両足の膝頭を押さえ、そのままのポーズでとまります。

④ しりしりしり

すばやくお尻をくすぐります。

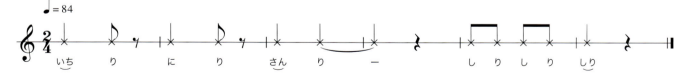

うさぎ

十五夜をテーマにした、なじみ深いわらべうた。
メロディーの心地よさを楽しみましょう。

♪ 曲を知ろう

古くから関東地方で親しまれていた十五夜の歌あそび。明治25年に「小学校唱歌」に掲載され全国的に有名になりました。

ポイント　子どもの動きに合わせて歌っても

乳児は大人に支えてもらいながら、大人の膝の上に両足を立たせると自然に足の屈伸をする時期があります。そんなときに、子どもの動きに合わせて歌ってあげると喜びます。

あそびかた

子どもを膝にのせて、両手をとります。子どもの両手をうさぎの耳に見立て、左右に振ってあそびます。

★ アレンジしよう

いろいろな動物であそぼう

あそびに慣れたら、歌詞をアレンジしてあそびましょう。「たぬきたぬき」と歌いながらお腹をたたくしぐさをしたり「こねこねこ」と歌いながら手を子ねこの耳に見立てても楽しい！

うさぎ　うさぎ　なに　みて　はねる
じゅうごや　おつきさま　みて　　　ねる

ぼんちこ ぼんちこ

秋田県の方言が楽しいわらべうた。
新鮮な言葉の響きに繰り返し歌いたくなります。

🎵 曲を知ろう

秋田県角館地方の歌。「ぼんちこ」は「坊ちゃん」、「やまさあべ」は「山をあるく」、「あんどうり」は「あのとおり」という意味です。もとは松の小枝を切って葉先を下にして立たせ、床をたたいて歩かせるあそびです。

ポイント しみじみとした温かい雰囲気を大切に

メロディーラインが美しいわらべうたです。子守唄のように歌って聞かせるだけでも情緒たっぷりです。

あそびかた

1 ぼんちこ…やまさあべ

向かい合って座り、子どもの頭をなでます。

2 きょねん…いったけり

両手で優しく頬をたたきます。

3 ことし…あんどうり

両手をつなぎ、上下に振ります。

ことりことり

歌に合わせて子どもを持ち上げ、
小鳥が羽ばたく動作をしてあそびます。

🎵 曲を知ろう

「むこうのやまへとんでゆけ」という言葉で終わるわらべうたのなかのひとつ。これらの歌は「むこうのやま」という言葉で距離感を表現しています。

ポイント　慣れたら高く持ち上げてあそぼう

子どもを小鳥に見立てて左右に揺するあそびです。慣れるまでは穏やかに。慣れたら揺すりすぎないようにしながら、「ゆけ」の部分を伸ばして　子どもをより高く持ち上げ、着地させると喜びます。

あそびかた

① ことり　ことり　むこうの　やまへ

子どもの脇の下から抱きかかえ、歌に合わせて左右に揺すります。

② とんでゆけ

高く持ち上げます。子どもは鳥のように手を上げ下げします。

優しく着地させましょう。

0歳児　ことりことり

えんやらももき

ふれあいあそび
CD① 29

身近なものを使ってさまざまなアレンジで
あそべるわらべうたです。

🎵 曲を知ろう

「えんやら」は「エイ！」「ヤー！」というかけ声が変化してできた言葉。桃の実は不老長寿の果実といわれています。

ポイント　状況に応じてアレンジを楽しもう

複数の子どもとあそぶときは、桃に見立てた赤いボールを使い、歌の最後に「○○ちゃんにあげますよ」と名前を呼んでボールを渡してもよいでしょう。

あそびかた

●布であそぶ

保育者2人で丈夫な布を持って座り、子どもをのせ、歌に合わせて揺らします。

●手をつないであそぶ

保育者が一人のときは、子どもと両手をつなぎ、歌に合わせて徐々に大きく左右に振りましょう。

★ アレンジしよう

動きに変化をつけて

最初はほとんど揺らさず、徐々に左右に揺らすようにすると迫力が増します。最後は大きく揺らし、動きに変化をつけましょう。

えんやらもものき ももがなったら だれにやろう ともちゃんに
あげよか ひろちゃんに あげよか だれに あげよか

うえから したから

かくれんぼの要素も楽しめます。
最後は保育者が子どもを探す動作をしましょう。

🎵 曲を知ろう

布を上下することで風を起こすあそびです。布は薄手で大きなものを選び、ふわっとした感触を楽しみます。

ポイント　かくれんぼのような声かけをしよう

布や布団などに隠れることを喜ぶようになった頃のあそびです。布が落ちて子どもが隠れたら「〇〇ちゃんどこかな？」などと言って、子どもを探す動作をすると喜びます。

あそびかた

1 うえからしたから
おおかぜこい　こいこい

保育者が2人で歌に合わせて布をゆっくり上げ下げします。

2 こい

布を放り投げて子どもの上にふわりと落ちるようにします。

★ アレンジしよう

布でくるんであそぼう

大きなシーツを用意して、四隅をそれぞれ保育者が持ち、空気をのがさないよう床につけ、複数の子どもたちをまとめて布のなかに入れても盛り上がります。

0歳児　うえから　したから

うえから　したから　おおかぜこい　こいこい　こい

ちちん ぷい ぷい

呪文のような言葉を唱えて痛みを忘れさせます。
痛がる子どもをなだめるときの唱え言葉の定番です。

🎵 曲を知ろう

江戸時代、春日局が「知仁武勇（ちじんぶゆう）は御代の御宝」と子をあやしたことが「ちちんぷい」になったという説があります。Aが基本形ですがBのようにアレンジしても。

ポイント　呪文らしい雰囲気を演出しよう

子どもが転んだりぶつかったりしたとき、大人が痛みを忘れさせる歌です。効き目があるよう演出たっぷりに歌いましょう。

あそびかた

1 ちちん ぷい ぷい

痛い場所の近くを手で円をえがくようにします。

2 ぷい

大きく手をあげて、痛みをとばすしぐさをします。

★ アレンジしよう

はじめに雰囲気づくりを

「どうしようかな…」「あの呪文出しちゃおうかな…」などなど、歌う前には"とても効き目がある"という雰囲気を演出すると、さらに効果的です。

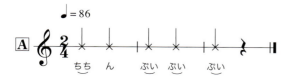
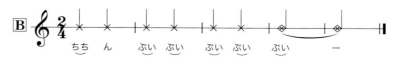

いたいの いたいの とんでゆけ

昔から、子どもが痛がっているときに
あやす歌として重宝されています。

🎵 曲を知ろう

軽い痛みで泣くときによく使われる歌です。泣きやむまで繰り返し歌って、子どもの気分転換をはかります。Ⓐが基本形ですがⒷのようにアレンジしても。

ポイント　比較的軽い痛みに明るく唱えよう

子どもは何かにぶつかったり、転んだり、びっくりして泣いたり…、そんなときに、明るく歌いましょう。

あそびかた

1 いたいの いたいの

痛い場所を優しくなでます。

2 とんでゆけ

大きく手をあげて、痛みをとばすしぐさをします。

★ アレンジしよう

「ちちん ぷい ぷい」のあとに

なかなか泣きやまないときは、50ページの「ちちん ぷい ぷい」と組み合わせて歌います。少し大げさに歌ってみせると、さらに効果的です。

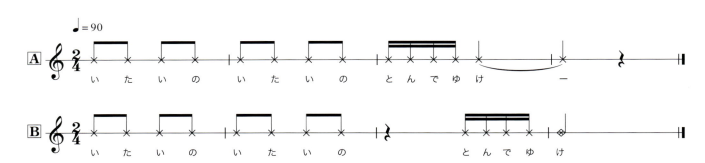

0歳児　いたいの いたいの とんでゆけ

なきむしけむし

ぐずって泣いている子などをあやすわらべうた。
「毛虫」をつまむしぐさが楽しい！

🎵 曲を知ろう

「泣き虫」を嫌われ者の毛虫に例えています。「泣いた顔はすぐに捨ててニコニコ顔を取り戻そう」という想いを込めて歌いましょう。

ポイント　演技力たっぷりに捨てるしぐさを

保育者は「はさんですてろ」で手のなかに虫を握っているように見せ、「捨てるよ！それーっ」と虫をとばすしぐさをしてもよいでしょう。保育者の演技力がポイントです。

1 なきむし…すてろ

一拍ごとに子どもの体のあちらこちらにふれます。

2 「それーっ」

勢いよく遠くを指さします。

★ アレンジしよう

泣きやまないときはもう一度

なかなか泣きやまないときは「あれー？　まだいるぞ。毛虫かな？　泣き虫かな？」などと言って子どもの興味を引き、もう一度はじめから歌いましょう。

0歳児　なきむしけむし

お てんとさん

宮城県のわらべうた。本来は晴れを願う歌ですが、「いない いない ばあ」のようにあそびましょう。

🎵 曲を知ろう

おてんとさんは「お天道様（おてんとうさま）」のことです。太陽を敬い、親しみを込めて「おてんとさん」と呼ばれるようになりました。

ポイント　身近なものを使ってあそぼう

子どもでも覚えやすいメロディーです。ハンカチやうちわなど身近なものを使って、顔を出したり隠したりしながら、繰り返してあそびましょう。

あそびかた

① おてんとさん おてんとさん

ハンカチなどで顔を隠します。

② しょうーじあけろ

顔を少しのぞかせます。

③ まどあけろ

歌い終わると同時に勢いよくハンカチをとって顔を出しましょう。

0歳児　おてんとさん

ふれあいあそび　CD① 35

雨の日のどんよりとした雰囲気をかえるわらべうた。
空模様を一緒に見ながら歌います。

🎵 曲を知ろう

雪や雨のわらべうたのなかに出てくる「こんこ」という言葉は水などが「滾々（こんこん）」と湧き出て尽きない様子を表しています。

ポイント　雨の日の景色を見ながら

乳児は雨を見るのが好きです。空から降ってくる不思議な水滴に強い興味を示します。雨の日の景色や、窓につく雨粒を見ながら、繰り返し歌ってあげましょう。

あそびかた

子どもを抱きながら、雨の様子を見せ、リズムをとりながら歌いましょう。

★ アレンジしよう

雨の音も楽しんで

雨の日のゆううつな気持ちをふきとばすのにも役立ちます。雨を見るだけでなく、雨音を一緒に聞きながら、歌を楽しみましょう。

あめ　こん　こん　やん　ど　く　れ　　あし　たの　ばん　に　ふっ　と　くれ

だれにしようかな

本来は、鬼ごっこをするときなどに、順番に指差して鬼を決めるときに歌います。

🎵 曲を知ろう

「てんじんさま」とは、学問の神様と呼ばれる菅原道真のことです。子どもが賢く育つようにという願いから、天神様はとても身近な神様でした。菅原道真をまつる神社を天満宮といいます。

ポイント　後半はゆっくり歌おう

子どもの手を左右にちょんちょんとつつきながら、くすぐるほうを選んであそびます。

あそびかた

1 だれにしようかな…いうとお

子どもの両手のひらを右→左→右→左…と順番に人差し指でつつきます。

2 り

とおり

最後につついた手側の子どもの脇の下をくすぐりましょう。

★ アレンジしよう

どれにしようかな

おもちゃを選ぶときは、「どれにしようかな」と唱え、歌い終わったときに当たったおもちゃを「きょうはこれ！」などと言いながら渡しましょう。

だれ に しよ う か な てん じん さま の い う と お り

ねんねんころりよ

子どもを寝かしつける子守唄といえば、この歌。
昔から多くの人に親しまれています。

🎵 曲を知ろう

子どもの世話をする人を「子守り」「お守り」と呼びます。この歌が全国的に伝わり、各地でさまざまな子守唄が生まれたと考えられています。

ポイント 眠りに合わせて次第に歌声を小さく

江戸から現在まで歌い継がれている名曲。子どもをおんぶしたり抱っこして背中をたたきながら緩やかなテンポで歌い、子どもの眠りに合わせて次第に歌声を消えいるようにフェイドアウトしましょう。

0歳児 ねんねんころりよ

1. ねんねんー ころりーよ おころり よた
2. ぼうやの ーおもりーは どこーへ いった
3. さーとの ーおみやーに なにーも ろた

ぼうやは ーよいこだ ねんーねー しな
あのやま ーこーえて さとーへー いた
でんでん ーたいこに しょうーのーふえ

ねんねころいち

大阪地方で親しまれてる子守唄。
商人の様子を題材にした歌詞です。

🎵 曲を知ろう

「てんまのいち」はにぎやかな天満の市場のことです。天満は当時から現在まで続く繁華街です。「だいこ」は大根を意味しています。

ポイント 歌詞のおもしろさとメロディーを大切に

物語性のある「それからどうした形式」の歌詞が特徴です。歌詞のおもしろさを味わいながら楽譜の四分休符を意識して歌が流れないように気をつけて歌いましょう。

1. ねんねころいち てんまのいち だいこやでゆきゃでる だいこそろえて えろんばたんぼで ふねにつんで むしまたやす
2. ふねにつんだら どこまでゆきゃゆでる きづかもめなとなりた ふねのほしざり つしまたやす
3. はしのしたには かもめがいよいよ そなめはとなりたやも たけのほざり つしまたやす
4. たけがほしけりゃ たけやへゆきゃれ そなけはなんぼで ふねにーごーり むたやす

ねんねんねやま

ねずみが主人公のストーリー性のある子守唄。
長野県の歌です。

🎵 曲を知ろう

子守唄の「ねむる」しぐさを強調するために「ねんねん」のあとに「ねやま」と韻をふんでいます。大黒様は福徳の神様として子どもにも人気があります。この歌ではねずみが大黒様と子どもをつなげる役割を果たしています。

ポイント　歌詞の譜割に気をつけよう

赤ちゃんを抱っこしたりおんぶしたりして、優しく揺り動かしながら歌いましょう。メロディーは同じですが、1番から4番まである歌詞は言葉の譜割がそれぞれ異なっているのが特徴です。

1. ねん　ねん　ねやまの　こめやま　ちた　こめやの　よこちょうを　とおると　きけ
2. ちゅう　ちゅう　ねずみが　ないてい　た　なーんの　ようかと　きいたら　ば
3. だい　こく　さーまの　おつかい　に　ねーんね　したこの　おつかい　に
4. ぼう　やも　はーやく　ねんねしな　だいこく　さーまへ　まいりま　す

中国地方の子守唄

近代音楽の父といわれる山田耕筰が広めたともいうべき一曲。母の愛にあふれた子守唄です。

曲を知ろう

中国地方とは、古くは山陰道（広島県や岡山県）を指しました。「つらにくさ」は泣いた顔ににくらしい、という意味です。

ポイント　キーが高めなので音を下げて歌っても

現在まで日本歌曲の代表曲として広く歌い継がれている名曲。キー（音）が高くなっていますが、山田耕筰の指定によるもの。歌うときは音をさげてもよいでしょう。

0歳児　中国地方の子守唄

1.2歳児 わらべうた

手指の動きもスムーズに動くようになり、まわりへの興味も持つ時期です。
保育者は子どもに伝わりやすいように、大きな動きをしていきましょう。

- あんよはじょうず …62
- おにさんこちら …63
- ゆびきりげんまん …64
- てるてるぼうず …65
- ゆうやけ こやけ …66
- いちばんぼし …67
- おみやげみっつ …68
- かえるがなくから …69
- さよなら あんころもち …70
- こどもとこどもが …71
- こどものけんかに …72
- おやゆびねむれ …74
- あかちゃん …76
- ちょうちん …77
- おさらにたまご …78
- トマトはトントン …79
- せっせっせっ …80
- トウキョウト にほんばし …81
- うちのうらのくろねこ …82
- このベルならして …84
- げんこつやまの たぬきさん …85
- おせんべ …86
- おはぎがおよめに …87
- おおさむこさむ …88
- くまさん くまさん …89
- ぴよぴよちゃん …90
- ずいずい ずっころばし …91
- おちゃをのみに …92
- どんどんばし …94
- かごめかごめ …95
- いもむしごろごろ …96
- さるのこしかけ …97
- とおりゃんせ …98
- かくれんぼ …99
- からすかずのこ …100
- おちたおちた …101
- いちもんめの いっすけさん …102
- ほたるこい …103
- いちわのからす …104
- 向こう横町 …105

あんよはじょうず

よちよち歩きが始まった頃の子どもにぴったりの歌。
大人が手拍子をとりながら歌ってあげましょう。

🎵 曲を知ろう

「あんよ」は「足」の幼児語。歩くのが上手だから転ばないね…と、立って歩く子どもを応援する歌です。

ポイント　はじめはゆっくりと子どものペースで

歌に合わせることで、少しずつ歩き始めた子どもが楽しく歩けるようになります。はじめはゆっくり子どものペースに合わせ、徐々にテンポをあげましょう。1拍ずつ、言葉をはっきり唱えるのが大切です。

1・2歳児　あんよはじょうず

あそびかた

①　1番 あんよはじょうず…おへた
　　　2番 あんよはじょうず　ここまで

②　おいで

手をたたきながら、子どもの顔を見て1番、2番を続けて歌います。

保育者のところまで歩けたら、ギュッと抱きしめましょう。

★ アレンジしよう

手をつないで歩こう

一人で歩くことがまだおぼつかない子は、大人と手をつないで一緒に歩きながら歌いましょう。歌の最後は「上手に歩けたね」と声をかけることを忘れずに。

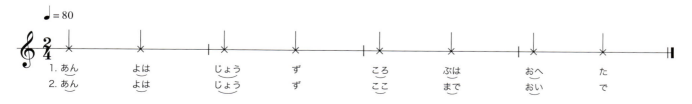

おにさんこちら

歩き始めた子を大人が拍手しながら
呼びよせるあそび歌です。

🎵 曲を知ろう

本来は目隠しをした鬼が手拍子の音を頼りに相手をつかまえる鬼ごっこの歌です。「てのなるほう」は拍手している音のほう、という意味です。

ポイント　歩行を促すように繰り返し歌おう

生後11か月頃から不安定ながらも歩こうとする意欲が見られるようになります。伝い歩きが始まったら、タイミングを逃さず、繰り返し歌って自立歩行を促します。

あそびかた

歩き始めた子の歩行の練習として最適な曲です。保育者は子どもと視線を合わせて歌いながらリズミカルに手をたたき、子どもを誘導します。

★ アレンジしよう

子どもの名前に置きかえて

「鬼さんこちら」を子どもの名前に置きかえて「〇〇ちゃん　こちら」と歌うと、子どもは大喜び。上手に歩いて、大人のところまで来たら抱っこしましょう。

1・2歳児　おにさんこちら

お　に　さ　ん　こ　ち　ら　　て　の　な　る　ほ　う　へ　　お　に　さ　ん　こ　ち　ら　　て　の　な　る　ほ　う　へ

ゆびきりげんまん

どの年代の子どももよく知る有名な曲。
約束ごとをするときには欠かせません。

🎵 曲を知ろう

「げんまん」は「拳万」と書き、約束を破ったら拳で一万回たたくという意味。「針千本飲ます」とともに、実は、とても厳しい表現です。

ポイント　約束も大切！笑顔も大切！

「絶対約束を守る」という誓いの証として、互いの小指をからませ、相手の目を見つめ合って歌います。怖い印象で終わらないよう最後は笑顔も大切に！

あそびかた

1 ゆびきりげんまん…のます

互いの小指をからませ、歌に合わせて軽くリズムをとり、上下に振ります。

2 ゆびきった

最後にサッと指を離します。

★ アレンジしよう

「はりせんぼん」を変化させて楽しもう

「苦いジュースをのます！」「お尻ぺんぺんしちゃう！」など歌詞を子どもらしいお仕置きに変化させても、和やかな雰囲気になります。

1・2歳児　ゆびきりげんまん

ゆ　び　き　り　げ　ん　ま　ん　　う　そ　つ　い　た　ら　は　り　せん　ぼん　　の　ま　す　　ゆ　び　きっ　た

てるてるぼうず

童謡「てるてる坊主」（作詞 浅原鏡村／作曲 中山晋平）は、この歌をもとに大正10年に発表されました。

♪ 曲を知ろう

晴天を祈ってつくる紙の人形を「照る照る坊主」といいます。これは中国から伝わった風習で、もともとは坊主ではなく姫がモデルだったといわれています。

ポイント 「てるてるぼうず」をつくって歌おう

雨が降り続いたときには、紙の人形をみんなでつくり、軒下や窓際などに飾りながら歌いましょう。最後の「しておくれ」は、願いを込めるように優しく歌うことがポイントです。

あそびかた

雨の日にてるてるぼうずを軒下に飾って、子どもと一緒に見ながら、歌って聞かせましょう。

★ アレンジしよう

みんなで一緒にてるてるぼうずをつくろう

子どもたちとてるてるぼうずをつくりましょう。保育者が形をつくり、子どもが顔をかくと、個性豊かなてるてるぼうずができあがります。

ゆうやけ こやけ

童謡「夕焼け小焼け」(作詞 中村雨紅／作曲 草川信)はこの歌をもとに大正12年に作られました。

♪ 曲を知ろう

夕日が沈んで空が赤くなるのを「夕焼け」。さらにその後、再び赤くなる気象現象を「小焼け」といいます。

ポイント　状況に合わせて歌いかたの工夫を

夕方、きれいな夕焼け空を見ながら歌うときは、優しく穏やかに。明日の天気占いとして、下駄や靴をとばしてあそぶときは、みんなで元気よく歌うことがポイントです。

1・2歳児　ゆうやけ こやけ

あそびかた

1 ゆうやけこやけ

向かい合って手を左右に振ります。

2 あしたてんきになーれ

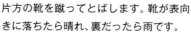

片方の靴を蹴ってとばします。靴が表向きに落ちたら晴れ、裏だったら雨です。

いちばんぼし

星が見えたら、今日は終わり。
星を数えながら家路につく歌です。

🎵 曲を知ろう

日没後、西の空にいちだんと明るく輝いている金星を「宵の明星（よいのみょうじょう）」といいます。これを一番星と表現する場合もあります。

ポイント　小節ごとに抑揚をつけて歌おう

夕暮れ時に空に見え始めた星をひとつひとつ指差して、数えながら歌いましょう。1・3・5・7小節のはじめの言葉に少しアクセントをつけて歌うと、数えている雰囲気を表現できます。

あそびかた

日が暮れたら夕空を見上げ「星をみつけられるかな？」と問いかけましょう。子どもと一緒に星を見ながら1番、2番を続けて歌います。

★ アレンジしよう

星を数えたり星について話したり

みんなで歌うときは、三番星、四番星と増やし、みつけた星の数だけ歌っても楽しめます。「どの星が好き？」「いくつみつかった？」などと星についても話しましょう。

1・2歳児　いちばんぼし

おみやげみっつ

あそびをやめて友達と別れるときの歌です。
降園時、子どもに歌ってもいいでしょう。

🎵 曲を知ろう

語呂合わせのおもしろさが特徴のわらべうたです。おみやげの「み」とみっつの「み」、たこみっつの「み」がリズミカルに韻を踏んでいます。

ポイント 「お土産をどうぞ」という気持ちで

一日を一緒に過ごして、さようならをするときに「お土産を背負わせる」という気持ちで相手の背中を優しくたたきながら歌います。タイトルの「みっつ」に掛けて、3の倍数だけ背中をたたきます。

1・2歳児　おみやげみっつ

あそびかた

歌いながら、「おみ」「やげ」「みっつに」「たこ」「みっ」「つ」と、1回ずつ背中をたたきます。

★ アレンジしよう

「また明日！」も添えて送り出そう

降園時には、保育者が歌の最後に「ま・た・あーし・た」などと自由な言葉をつけ加え、明日への期待につなげましょう。

おみやげみっつにたこみっつ

かえるがなくから

戸外であそんでいて、夕方になり帰り支度をするときに歌います。

🎵 曲を知ろう

昭和初期までは「かえろがなくからかえろ」と歌われていました。雨が降りそうなときは「かえる」、晴れのときは「カラス」と歌う地域もあります。

ポイント　言葉の響きを楽しんで

たくさんあそんだから「もう帰ろう」を「かえる」に掛けた言葉あそび。振りは特にありませんが、言葉の響きを味わいながら、遠くの友達に向かって呼びかけるような気持ちで歌いましょう。

あそびかた

あそびをやめて帰り支度を促すとき、子どもたちに肩や頭に優しくふれながら歌いましょう。

★ アレンジしよう

「か」のつくキャラクターに置きかえても

「かえる」の部分を「か」のつく人や動物の名前、テレビ番組のヒーローなどに置きかえて歌ってみましょう。
〔例〕かいじゅう　なくからかえろ
　　　かっぱが　　なくからかえろ

さよなら あんころもち

一日の終わりに友達と歌いましょう。
一緒に歌うだけで笑顔がいっぱいになります。

🎵 曲を知ろう

「再び来てね！」と「きな粉」が掛詞（かけことば）になったユニークなわらべうた。「あんころもち」から「きなこもち」を連想させる言葉あそびが特徴です。

ポイント 降園時の挨拶がわりにも

友達と別れて帰るときは「また来てあそぼうね」の想いを込めて「またきなこ！」と元気よく手を振りながらお別れの挨拶をします。降園時に保育者が子どもに歌うのもおすすめです。

1・2歳児 さよなら あんころもち

あそびかた

「さようなら」のかわりに、この歌を歌いながら手を振ってお別れします。

★ アレンジしよう

大好きなおやつにかえて

ときには、「あんころもち」のかわりに「ホットケーキ」や「マシュマロ」など、子どもたちが好きなおやつにかえて歌っても楽しめます。その日に食べたおやつなどにしてもよいでしょう。

こどもとこどもが

いろいろな人が登場する、にぎやかなわらべうた。
あそびを通して手や指の器用さが育ちます。

🎵 曲を知ろう

指あそびの代表曲ともいえる東京のわらべうたです。小指は
子ども、薬指は薬やさん…と指の名称が掛詞(かけことば)になっています。

あそびかた

1 こどもと…けんかして

両手の小指と小指を4回打ち合わせます。

2 くすりやさんがとめたけど

薬指と薬指を4回打ち合わせます。

ポイント 歌詞に合わせて指の動きに表情をつけよう

小指はけんかしているようにちょっと勢いをつけて、人差し指は笑っているようにのどかに。親指はプンプン怒っているようにと、それぞれの指の打ち合わせかたに表情をつけましょう。

3 なかなか…とまらない

中指と中指を4回打ち合わせます。

4 ひとたちゃ

人差し指と人差し指を2回打ち合わせます。

5 わらう

❹の手を2回外に振ります。

6 おやたちゃおこる

親指と親指を4回打ち合わせます。

1・2歳児 こどもとこどもが

こどものけんかに

71ページの「こどもとこどもが」と
同様にあそびますが、
こちらは少し難易度が上がります。

🎵 曲を知ろう

子どものけんかを止めたいのに止められず、薬屋さんに止めてもらったという歌。薬指は薬を塗るときに使うことに由来しています。

ポイント 指ごとに打つ回数が異なる

歌詞に合わせて指を打つ回数が異なっています。「こどもの」で1回、「けんかに」で1回のように2拍で1回指を打ち合わせますが、❻は3拍で1回打ち合わせます。まずは保育者が子どもの手を持ちながら挑戦してみましょう。

1・2歳児　こどものけんかに

1 こどものけんかに

両手の小指を2回打ち合わせます。

2 おやがでて

両手の親指を2回打ち合わせます。

3 ひとさんひとさんとめてくれ

両手の人差し指を4回打ち合わせます。

4 なかなかとまらない

両手の中指を4回打ち合わせます。

5 くすりやさんが

両手の薬指を2回打ち合わせます。

6 ちょっととめ

両手の小指と薬指を同時に1回打ち合わせます。

7 た

1回拍手します。

★ アレンジしよう

手をひらいたまま打ち合わせよう

本来は打ち合わせない指は曲げますが、薬指を打ち合わせようとすると、他の指がつられて動いてしまいます。本来のあそびが難しい子は、❶～❻までは指をひらいたままであそびましょう。

おやゆびねむれ

指を曲げたり伸ばしたり…。
昔の指の名称であそぶ楽しさも味わいましょう。

♪ 曲を知ろう

「さしゆび」は人差し指。「べにゆび」は薬指です。昔、女性が口紅をつけるときに薬指でつけたことから「紅さし指」と呼ばれることもあります。

ポイント　お昼寝の前の静かな指あそび

お昼寝の前に子どもを落ち着かせるためにやってみたい指あそびです。子どもが眠くなるように優しく静かに歌いかけながら、指を寝かせましょう。一人でできない子は、保育者が手を添えながら、1本ずつ指を折り、寝かせます。最後の⑦の「な」では、子どもの手のひらを包み込むように握りましょう。

1・2歳児
おやゆびねむれ

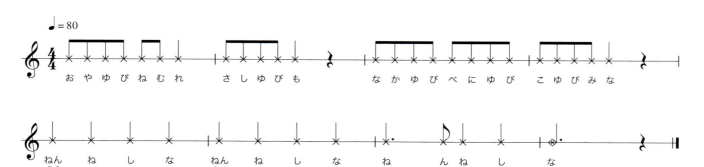

あそびかた

保育者が子どもの手をとって、あそびます。

1 おやゆびねむれ

保育者は子どもの親指を手の内側に折ります。（以下、同じようにします）

2 さしゆびも

子どもの人差し指を折ります。

3 なかゆびべにゆび こゆびみな

順番に中指、薬指、小指を折ります。

4 ねんねしな

全部の指をひらきます。

5 ねんねしな

全部の指を折ります。

6 ねんねし

全部の指をひらきます。

7 な

全部の指を折ります。

★ アレンジしよう

保育者が両手を使ってやってみせよう

はじめは、保育者が両手を使って歌いながらやってみせてもよいでしょう。子どもが興味を示したら、子どもの手を持ってあそぶと、さらに喜びます。

1・2歳児 おやゆびねむれ

あかちゃん

最後の「ぷんぷんぷん」が楽しいわらべうた。
思い切り怒った顔をしましょう！

♪ 曲を知ろう

昭和に入ってから作られたわらべうたです。全体が付点音符のリズムなので、少しはねるように歌います。

あそびかた
はじめに両手をグーにして握っておきます。

1 あかちゃん…なぜなくの

小指を7回打ち合わせます。

2 ねえさん…のんじゃった

薬指を7回打ち合わせます。

3 にいさん…とっちゃった

中指を7回打ち合わせます。

4 かあさん…かえらない

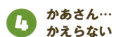

人差し指を7回打ち合わせます。

5 そこーでとうさん

親指を4回打ち合わせます。

6 ぷんぷんぷん

腕組みをして、怒るしぐさをします。

ポイント

繰り返しあそぼう

指先と指先を打ち合わせるしぐさは、子どもにとっては少し難しいものです。保育者が援助しながら繰り返してあそぶことで、指や手のスムーズな動きを促しましょう。

ちょうちん

上下左右に、腕をダイナミックに動かします。
伸び縮みするちょうちんの特徴を表しています。

🎵 曲を知ろう

あそびを通して「大きい」「小さい」「長い」「短い」などの言葉を知る歌です。何度も繰り返し、次第にテンポアップします。

ポイント　言葉を体で表現しよう

「おおきな」はできるだけ大きく手を左右に開き、「ちいさな」は手だけでなく、体ごとすぼめるように「小さい」を表現します。体で言葉の違いがはっきりわかるような動作をしましょう。

あそびかた

「おおきなちょうちん」などのフレーズを言ってから動作をします。

1  おおきな ちょうちん

両手をパーにして横いっぱいにひろげます。

2 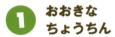 ちいさな ちょうちん

体の前で両人差し指を立て小さな幅にします。

3 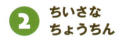 ながーい ちょうちん

両手をパーにして上下いっぱいにひろげます。

4 みじかい ちょうちん

体の前で両人差し指を横にして短い幅にします。

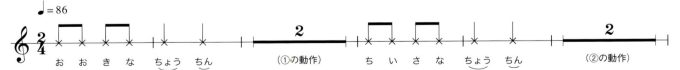

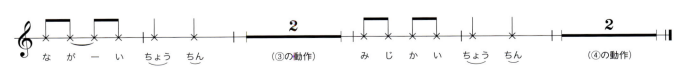

1・2歳児　ちょうちん

おさらにたまご

じゃんけんを覚えるきっかけとして最適のあそび。徐々にテンポをあげてあそびましょう。

🎵 曲を知ろう

パーの手のひらを皿、グーの拳をたまご、チョキの指を2本の箸に見立てたしぐさあそびです。

ポイント　あそびに慣れたらじゃんけんに

慣れてきたら「ほい」の拍手をじゃんけんの手にしてみましょう。最初はチョキの形が難しいかもしれません。チョキは出さずにグーかパーの手を出すだけでもよいでしょう。歌に合わせてタイミングよく出すことが大切です。

1・2歳児　おさらにたまご

あそびかた

① おさらに

手のひらを皿のように開き、前に出します。

② たまごに

手をグーにします。

③ はしかけ

箸を置くように胸の前にチョキを出します。

④ ほい

大きく1回拍手します。

トマトはトントン

野菜の名前がたくさん登場するわらべうた。
野菜の種類をアレンジしても楽しい！

🎵 曲を知ろう

昭和の後半から、幼稚園・保育園でひろく歌われるようになった新しいわらべうたです。お弁当や給食の前後、食育指導などでも歌われています。

ポイント　いろいろな野菜にかえてあそぼう

野菜の名称をアレンジして、にんじんは「ジンジン」、かぼちゃは「ボチャボチャ」、もやしは「モージャモジャ」など、替え歌をつくってあそんでも楽しいでしょう。

あそびかた

1 トマトはトントン

「トマト」は歌のみ。「トントン」で両手をグーにして上下に2回打ちます。（以下同様に）

2 キャベツはキャッキャッ

「キャッキャッ」で、ひっかくようなしぐさを2回します。

3 きゅうりはキュウキュウ

「キュウキュウ」で、しぼるようなしぐさを2回します。

4 だいこんはコンコンコン

「コンコンコン」で頭を軽く3回たたきます。

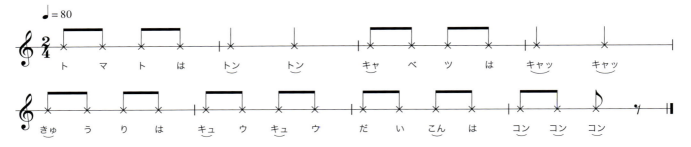

せっせっせっ

お互いの歌声をよく聞き、動作をよく見よう。
タイミングがピタリと合うようにできるかな?

🎵 曲を知ろう

「せっせっせのよいよいよい」と歌ったあとに、別の手あそび歌を続けます。2番の「みそラーメン」は昭和に入ってから歌われるようになりました。

あそびかた

1番

① せっせっせの

両手をつないで上下に軽く4回振ります。

② よいよいよい

同様に、さらに大きく3回振ります。

ポイント あそびのテンポを決めよう

おもに二人であそびを始めるとき、息を合わせる掛け声が「せっせっせっ」。ゆっくりのペースであそびたいときは、これをゆっくりと歌い、あそびのテンポを調節しましょう。1番と2番は、どちらか好きなほうを使います。

2番

① せっせっせの

1番と同じ動作をします。

② みそラー

手を交差させて2回振ります。

③ メン

もとの形に戻します。

1・2歳児 せっせっせっ

トウキョウト にほんばし

東京の地名を題材にしたわらべうた。
子どもの隙をみつけてくすぐりましょう！

🎵 曲を知ろう

「にほんばし」は東京都中央区の日本橋のこと。「かきがらちょう（蛎殻町）」は明治9年に米穀取引所が置かれ米相場の中心として発展しました。

あそびかた

1 トウキョウト

子どもの手をとり、手の甲をリズミカルに3回たたきます。

2 にほんばし

手の甲を2本の指でなでます。

ポイント　腕の上を行ったり来たりしよう

街の名前をおもしろく歌に織り込んだわらべうたです。「かいだんのぼって」のあと「またおりて」「もいちどのぼって」など、何回か腕を行ったり来たりしてじらすと喜びます。

3 カキガラチョウの

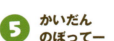

手のひらをひっかきます。

4 つねこさん

手の甲を軽くつねります。

5 かいだんのぼってー

人差し指でつつきながら手の甲から腕をのぼり、肩のほうへ進み、「てー」で肩にうず巻きをかきます。

6 こちょ…こちょ

子どもの脇の下をくすぐります。

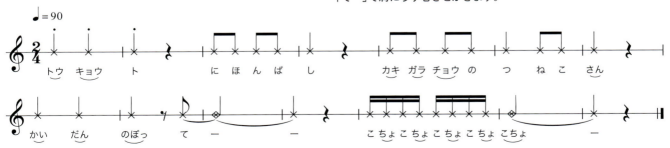

うちのうらのくろねこ

おしゃれなねこが主人公のわらべうたです。
お化粧した黒ねこを楽しく表現しましょう。

♪ 曲を知ろう

黒ねこがこっそりおしろいをつけて白ねこに変身し、口紅をつけておめかし…というユニークなお話のわらべうた。「さんぱつ（散髪）」は床やさんのことです。

ポイント　子どもに合わせて動きをアレンジ

チョキが出せるようになったら、「さんぱつ」のところでハサミで髪を切る動作をしても。また、「べにつけて」の動作は、本来は薬指を使いますが、難しいのでここでは人差し指を使っています。最後の「ちょっとかくす」の「す」では、顔の表情に変化をつけ、おもしろい顔を見せ合ってみましょう。

1・2歳児　うちのうらのくろねこ

あそびかた

1 うちのうらの くろねこが

両手を頭につけて耳に見立て前後に4回振ります。

2 さんぱついって

左手で2回頭を軽くたたきます。

3 ふろいって

右手を胸に当て、上下にこすります。

4 おしろいつけて

両手で頬を自由に優しくなでまわします。

5 べにつけて

人差し指でくちびるを2回なぞります。

6 ひとにみられて

人差し指で相手を2回指します。

7 ちょっとかくす

「ちょっとかく」で両手で顔を覆い、「す」で手をはずして顔を出します。

★ アレンジしよう

保育者が黒ねこになりきって演じよう

楽しい物語なので、保育者が黒ねこに変装して演じてみせても盛り上がります。お楽しみ会などの小さなイベントの出し物としても役立ちます。

このベルならして

鼻、頬、口のまわりを触ってあそぶわらべうた。
アドリブを入れながら楽しみましょう。

🎵 曲を知ろう

鼻を「ベル」、頬を「ドア」、口を「カギ穴」に見立てたユニークな顔あそび。昭和に入ってからつくられたわらべうたです。

あそびかた

1 このベルならしてピンポン

子どもの鼻を軽く押します。

2 このドアたたいてトントン

子どもの頬を優しくたたきます。

ポイント アドリブを入れてあそびを盛り上げよう

「ピンポン」のあとに「〇〇ちゃん！」、「トントン」のあとに「こんにちは！」、「ガチャガチャ」のあとに「入りますよ！」などの声かけをしてあそぶとさらに盛り上がります。

3 このカギはずしてガチャガチャ

人差し指で口のまわりを丸くなぞります。

4 さあ なかに はいりましょ

子どもと保育者で4回拍手します。

5 「それっ！」

すばやく脇の下をくすぐります。

げんこつやまの たぬきさん

子どもたちに大人気のわらべうた。
親子の集いなどで取り上げたいあそびです。

🎵 曲を知ろう

昭和に入ってから歌われているわらべうたです。最後の「またあした」を「かざぐるま」と歌うバージョンもあります。

あそびかた

1 げんこつやまの たぬきさん

両手をグーにして上下に重ね交互に打ち合わせます。

2 おっぱいのんで

ミルクを飲むしぐさをします。

3 ねんねして

両手のひらを合わせて頬につけ、眠るしぐさをします。

ポイント

じゃんけんのかわりに かいぐりの動作で

じゃんけんが難しい子は、かいぐりの動作を最後まで続けて終わるなどの一工夫を。

4 だっこして

胸の前で赤ちゃんを抱くしぐさをします。

5 おんぶして

赤ちゃんをおんぶするしぐさをします。

6 またあし

胸の前で両手をグーにしてかいぐりをします。

7 た

じゃんけんします。

おせんべ

シンプルで覚えやすいわらべうたです。
「むしゃむしゃ…」でスキンシップを楽しみましょう。

🎵 曲を知ろう

基本はこの歌詞ですが、他にも似た歌が全国に伝わっています。代表的なものに「どの おせんべが やけたかな」などがあります。

ポイント　おいしそうに食べるしぐさを

本来は、多人数の子の手のひらをおせんべに見立てた鬼決めあそびです。曲がシンプルなので親子で二人組になってあそんでも。最後のおいしそうに食べるしぐさを表情豊かに。

1・2歳児　おせんべ

あそびかた

1 おせんべ やけたか

子どもは両手の甲を上にして保育者に差し出します。保育者はリズムに合わせて手の甲を右、左とつつきます。

2 な

最後につついた手をとり「やけた！ むしゃむしゃ…」などと言って食べるしぐさをします。

★ アレンジしよう

いろいろな食べ物にアレンジ！

「おせんべ」を「おさかな」や「ホットケーキ」などに、アレンジしても。子どもたちと一緒に食べ物の種類を考えて歌いましょう。

お せ ん べ や け た か な

おはぎがおよめに

「おはぎの嫁入り」ともいわれています。顔を優しくタッチしましょう。

🎵 曲を知ろう

アメリカ曲の「ごんべさんの赤ちゃん」にこの歌詞をのせて歌うこともできます。「あすはーいよいよしゅっぱつだ」を「ついたところはおうせつま」と歌う地域もあります。

あそびかた

1 おはぎがおよめに ゆくときは

子どもと向かい合って座り、子どもの頭をなでます。

2 あんこと

子どもの右頬をなでます。

3 きなこで

子どもの左頬をなでます。

ポイント

あそびに慣れたら じゃんけんに

ひとつひとつの動作に優しく愛情を込め、子どもの顔を触りましょう。慣れてきたら「しゅっぱつだ」の動作をじゃんけんにかえても盛り上がります。

4 おけしょして

子どもの両頬をなでます。

5 まあるいおぼんに のせられて

両手をつなぎ軽く振ります。

6 あすーはいよいよ

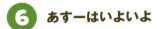

4回手をたたきます。

7 しゅっぱつだ

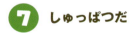

❺と同じ動作をします。

1・2歳児 おはぎがおよめに

お おさむこさむ

冬のわらべうたといえば、江戸時代から歌われているこの曲。
季節感たっぷりに歌ってあそびましょう。

♪ 曲を知ろう

「おおさむ」は大寒、「こさむ」は小寒のこと。「とんできた」と歌う地域と「ないてきた」と歌う地域があります。

ポイント　楽しみながらも揺すりすぎに注意を

風の子どもになったつもりで、左右に体を揺すりましょう。小さい風、大きい風など揺すりかたに変化をつけると喜びますが、揺すりすぎには注意しましょう。

あそびかた

1 おおさむこさむ…
なんといってとんできた

子どもを抱き、軽く上げ下げします。

2 さむいといって
とんできた

歌に合わせて子どもを抱きながら左右に振ります。

★ アレンジしよう

子どもの向きをかえても

子どもが怖がるときは、体の向きを反対側にして、保育者の顔を見ながらあそぶのもアイデア。慣れたらさまざまな向きであそびましょう。

くまさん くまさん

本来は、長縄跳びの歌です。
くまさんに変身してかわいらしく踊りましょう。

🎵 曲を知ろう

長縄跳びでは跳びながら歌詞に合わせて動作をするあそびです。「くまさん」を「たこさん」にかえて歌うこともあります。

あそびかた

1 くまさん くまさん

向き合い、足踏みしながら4回手をたたきます。

2 こんにちは

おじぎをします。

3 くまさんくまさん りょうてをあげて

❶の動作のあと、両手を上げます。

4 くまさんくまさん かたあしあげて

❶の動作のあと、片足を上げます。

5 くまさんくまさん うしろをむいて

❶の動作のあと、歩いて後ろを向きます。

6 くまさんくまさん おしりをふって

❶の動作のあと、後ろを向いたままお尻を振ります。

7 くまさんくまさん さようなら

❶の動作をしながら前を向き、最後におじぎをします。

ポイント

成長に合わせて動作のアレンジを

2歳児になると手足の動きがしっかりしてくるので「足踏み拍手」のように手足を同時に動かせます。動作が難しいところは、歌詞をかえるなどの一工夫をしましょう。

ぴよぴよちゃん

保育者の動作を模倣してあそぶわらべうた。
わかりやすい、大きな動作をしましょう。

🎵 曲を知ろう

昭和の後半に保育現場でつくられた新しいわらべうたです。
全体の符点のリズムを意識しながら、弾んで歌いましょう。

あそびかた

1 ぴよぴよちゃん

保育者は口の前で両手を合わせ、くちばしのようにパクパクさせます。

2 なんですか

子どもは保育者と同様の動作をします。

ポイント 動作をはっきり見せて子どもにわかりやすく

大人のしぐさと同じようにすることで、表現の幅がひろがります。慣れてきたら「こんなこと」「こんなこと」の動作を2種類に増やしてやってみましょう。

3 こんなこと こんなこと

保育者は自由に動きます。

4 できますか

保育者は3回手をたたきます。

5 こんなこと こんなこと

子どもは保育者と同様の動作をします。

6 できますよ

子どもは3回手をたたきます。

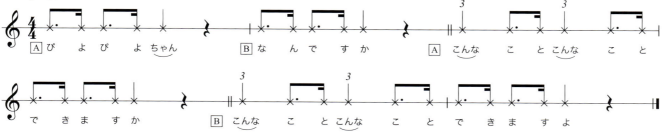

Ⓐ は保育者、Ⓑ は子どもが歌います。

1・2歳児 ぴよぴよちゃん

ずいずい ずっころばし

江戸時代の「お茶つぼ道中」の様子を織り込んだといわれるわらべうたです。

🎵 曲を知ろう

本書は古謡のメロディーをご紹介しましたが、昭和に入ってから「ちゃつぼにおわれて」と「いきっこなしよ」のメロディーがかわって歌われています。

あそびかた

1 ずいずいずっころばし…
おちゃわんかいたの　だあ

3人以上で輪になり、両手で軽く拳をつくり前に出します。歌に合わせて親（保育者）が順番に人差し指を拳の穴に入れていきます。

2 れ

歌の最後に人差し指が入っている拳の人が、次の親になります。

ポイント　歌う速さをかえてみよう

もとは鬼決めあそびの歌で、「…だあれ」の「れ」に当たった人が鬼ごっこの鬼になります。1拍に拳を一つずつ、つついてきます。歌のテンポを自由にかえてあそんでみましょう。

おちゃをのみに

保育参観などで、親子ペアになってあそんでも楽しいわらべうた。
はじめは保育者が鬼（お客さま）役になりましょう。

♪ 曲を知ろう

友達関係が育つ頃の集団あそびです。「ごはんをたべに」「なわとびをしに」など、楽しい歌詞を考えてあそんでも楽しめます。

ポイント　はじめは子どもの名前を予告してから

慣れるまでは、保育者が鬼になり「○○ちゃんのところに行くよ」などと、先に予告してから歌い始めるようにします。慣れてきたら予告せず、「誰のところに来るのかな」というスリルを味わいましょう。

1・2歳児　おちゃをのみに

Ⓐ おちゃをのみにきてください　Ⓑ はい こんにちは
いろいろ おせわに なりました　Ⓐ／Ⓑ はい さようなら

Ⓐは鬼、Ⓑは子どもが歌います。

あそびかた

輪になり、鬼が一人なかにいます。

集団あそび　CD❷ 02

1 おちゃをのみに きてくだ

輪になって座り、鬼は輪のなかに入って歩きまわります。

2 さい

一人を選んで向かい合います。

3 はい こんにちは

選ばれた子と鬼はおじぎをします。

4 いろいろおせわに なりました

二人で手をつないでその場で4回跳びます。

5 はい さようなら

二人はおじぎをしたあと、鬼は座り、選ばれた子が鬼になります。

★ アレンジしよう

みんなでどんどん鬼になろう

❶〜❹までは本来のあそびと同じですが、❺でおじぎをしたあと、鬼は座らず、選ばれた子も鬼になります。二人に増えた鬼は、手をつないで輪に入って再びはじめからあそびます。この要領で鬼を増やし、最後は全員が鬼になって手をつなぎます。

どんどんばし

集団あそび CD❷ 03

言葉の響きが楽しい一曲。
狭い場所を通り抜けるときにも口ずさんでも。

♪ 曲を知ろう

「どんどんばし」と「どんど」の音の響きが楽しいわらべうた。
「きつねが」の歌詞を「こんこが」と歌う地域もあります。

ポイント　保育室に迷路をつくり迷路あそびで歌おう

2歳後半頃から大型積み木などで狭い迷路のような道や橋をつくり、この歌を歌いながら通り抜けるあそびをしてみましょう。

1・2歳児
どんどんばし

あそびかた

1 どんどんばし…きつねがとお

保育者二人が手で橋をつくり、その下を二人ずつ手をつないでくぐっていきます。

2 る

手の橋を下ろし、そこにかかった二人が次の橋に交代です。

★ アレンジしよう

一人ずつ電車のように連なってみよう

一列になって前の人の肩に手をのせ、電車のように連なってあそんでも。保育者の橋が落ちたとき、なかにいた子が次の橋になります。

どん どん ば し わた れ どん ど と わた れ
どん どん ば し わた れ ば きつ ね が と お る

かごめかごめ

哀愁を帯びたメロディーが印象的なあそび歌の大定番。

🎵 曲を知ろう

古くから歌われていますが。昭和初期に千葉県野田地方の「かごめ」が全国に広まり、現在の形になったという説があります。

ポイント　はじめは自己紹介で友達の声を覚えよう

本来、真後ろの子は声を出さず鬼は勘で名前を当てますが、あそびを始める前に、一人一人が声に出して「○○です！かけっこが好きです」など自由に自己紹介をしましょう。それぞれの子の声を覚えてからあそびを始めます。

あそびかた

1 かごめかごめ…うしろのしょうめん

鬼は目をつぶって真ん中に座ります。他の子は手をつないで輪になり、歌いながらまわります。

2 だあれ

鬼の真後ろにいる子が動物の鳴き声をします。

鬼は、その声で誰かを当てます。当てられた子は次の鬼になります。

かごめ　かごめ　かごのなかの　とりーは　いついつ　でやーる
よあけの　ばんに　つるとかめが　すべった　うしろのしょうめん　だあれ

いもむしごろごろ

列になり、小さくなって歌いながら歩く様子は、まさにいもむし。
足腰がきたえられるあそびです。

🎵 曲を知ろう

言葉のリズムが歩くしぐさと合った歌です。「…ぽっくりこ」のあとに「げじげじが あしだした」と歌う地域もあります。

ポイント　徐々に人数を増やして連なろう

はじめは二人でつながり、慣れてきたら3人、4人と長く連なって動いてみましょう。みんなで歌を口ずさむことでリズムが合い、上手に連なって歩くことができます。

1・2歳児　いもむしごろごろ

あそびかた

前の子の肩に手をおいて、一列に連なります。しゃがんで体を左右に揺らしながら歌に合わせて少しずつゆっくり前進します。

★ アレンジしよう

姿勢をかえて楽しんでも

しゃがんだままで歩くことが難しいときは、立って歩いても。子どもたちが無理のないように動作をアレンジしましょう。

さるのこしかけ

集団あそび　CD② 06

膝の上からいつ落とされるのかな…。
子どもにとってはスリル満点のあそびです。

🎵 曲を知ろう

「さるのこしかけ」はよくブナ林に発生する木に段々に生えるキノコのこと。「めた」はたくさん、「かけろ」は腰掛ける、という意味です。

ポイント　「どっしーん!」が楽しい

「めたかけろ」の部分は何回も歌いましょう。子どもが満足した頃を見計らって「どっしーん!」と元気に言い、子どもを足の間から落としましょう。

あそびかた

1 さるのこしかけ…めたかけろ

子ども数人を足の上にのせて、歌に合わせて上下に揺らします。

2 どっしーん

足をすばやく開いて子どもを足の上から落とします。

★ アレンジしよう

輪になって座布団に座り駆け寄ってあそぶ

座布団を丸く並べ、「…めたかけろ」と歌いながら子どもを一人ずつ座らせます。全員座ったら「どっしーん」と歌い、子どもは中心にいる保育者のもとへ駆け寄るというあそびでも楽しめます。

1・2歳児　さるのこしかけ

とおりゃんせ

「関所あそび」といわれる集団あそびの代表曲。つかまるかもというドキドキ感で盛り上がります。

🎵 曲を知ろう

子どもが7歳まで成長したお祝いに、もらったお札を氏神様に返す歌です。

あそびかた

1 とおりゃんせ…こわいながらもとおりゃんせ

二人の保育者がつくった門を、子どもたちは一列になり歌いながらくぐります。

2 とおりゃんせ

歌が終わったときに門のなかにいる子を保育者が両手を下げてつかまえます。

ポイント つかまえる回数を増やそう

あそびに慣れたら、「てんじんさまのほそみちじゃ」と歌ったあと、4小節に1回の割合で、子どもをつかまえる回数を増やしてみましょう。つかまった子は列の外で待ちます。最後まで残るのは誰？

♩=60

とお りゃんせ とおりゃんせ こ こはど この ほそみちじゃ てんじん さまの
ほそみちじゃ ちょっとおして くだしゃんせ ごようのないもの とおしゃせぬ
このこのななつの おいわいに おふだをおさめに まいります いきはよいよい
かえりはこわい こわいながらも と おりゃんせ とおりゃんせ

か くれんぼ

かくれんぼをしてあそぶときに
みんなで元気いっぱいに歌います。

🎵 曲を知ろう

2歳児になると「もういいかい」「まだだよ」のような問いか
けを繰り返し、タイミングよく返事ができるようになります。

ポイント　はじめの部分を繰り返し歌って仲間を集めよう

実際にあそぶときは「かくれんぼするものよっといで」の部
分を何回も繰り返して歌い、人を集めます。「もういいかい」
「まだだよ」は、あそびに合わせて繰り返します。

あそびかた

1　かくれんぼするもの　よっといで

まわりに向かって大きな声で歌う。

2　じゃんけんぽんよ　あいこでしょ

じゃんけんをして鬼を決めます。

3　もういいかい　まだだよ（もういいよ）

かくれんぼをします。

Ⓐは鬼、Ⓑは他の子が歌います。

からすかずのこ

一度歌ったら繰り返し歌いたくなるリズミカルなわらべうた。
誰もが一度は鬼になることができます。

🎵 曲を知ろう

「からす」「かずのこ」「かっぱ」など「か」の音が繰り返し使われる歌です。「おしりをねらうは」を「おしりをねらって」と歌う地域もあります。

＜ポイント＞ おまけのあそびでもっと楽しく

お尻をたたかれた子が次々と鬼になり、鬼の人数が増えていきます。最後に残った子を保育者が「高い 高い」をするなど、おまけをつけると、さらに喜びます。

1・2歳児　からすかずのこ

あそびかた

1 からす　かずのこ…おしりをねらうは

みんなで輪になり、鬼は輪の外を歩きまわります。

2 かっぱのこ

「かっぱのこ」で鬼は輪のなかの誰かのお尻を3回たたきます。たたかれた子は鬼の前を歩き、次に誰かのお尻をたたきます。

これを繰り返し鬼が増えていくと、外まわりに新たな輪ができます。最後の一人になるまで繰り返しあそびます。

からすかずのこ　にしんのこ　おしりをねらうは　かっぱのこ

おちたおちた

掛け合いが楽しいわらべうた。
まず、3種類のポーズをしっかり覚えましょう。

🎵 曲を知ろう

「りんご」が落ちたら両手で受ける。「けむし」は上から頭に落ちる。「かみなり」が落ちたらおへそを隠す…といったポーズの意味があります。

ポイント　はじめはゆっくりあそぼう

リーダーのコールに合わせてすばやくポーズをします。はじめはゆっくりで、慣れたら徐々にスピードをあげてあそびます。

あそびかた

ポーズの種類

はじめに、「りんご」「けむし」「かみなり」のポーズを覚えましょう。

① おちた　おちた

リーダーは歌いながら拍手します。

② なにがおちた

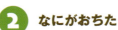

他の子は歌いながら拍手します。

③ 「りんご」

リーダーは「りんご」「けむし」「かみなり」のどれかを言い、他の子はそのポーズをとります。

Ⓐ はリーダー、Ⓑ は他の子が歌います。

いちもんめの いっすけさん

九州地方の民謡からうまれた手まり歌です。
保育者が歌って聞かせるだけでも楽しい一曲です。

♪ 曲を知ろう

「匁（もんめ）」は尺貫法の重さの単位で、1匁は3.75g。「斗（と）」は容積の単位で1斗は約18ℓです。本来の歌は9匁まで続き、その間、まりを連続してつくあそびです。

ポイント テンポを楽しんで

本来は「いっすけさん」「きらいで」のところで、まりを片足の下にくぐらせてつきます。わらべうたにはめずらしい、テンポの速いリズミカルな曲。曲に親しめたら、一拍目に手拍子を1回ずつ打っても楽しめます。

1・2歳児
いちもんめの いっすけさん

ほたるこい

江戸時代、夏の風物詩といわれた
ほたる狩りをテーマにしたわらべうたです。

♪ 曲を知ろう

日本の教育器楽合奏の先駆者である坊田かずまが「あっちの水」というタイトルで編曲したことによって、現在でも広く歌われています。

ポイント　温かな雰囲気で優しく歌おう

シンプルなメロディーなので親子で一緒に歌っても楽しい曲。「ほっ ほっ」と歌われがちですが「ほぅ ほぅ」と優しく呼びかけるように歌いましょう。また、暗闇でも光を出すなど、ほたるの生態についても子どもたちに話しましょう。

1・2歳児　ほたるこい

ほう　ほう　ほたるこい　あっちのみずはにがいぞ
こっちのみずはあまいぞ　ほう　ほう　ほたるこい

いちわのからす

本来は長縄跳びのための歌。
掛詞(かけことば)のおもしろさを味わいながら歌いましょう。

🎵 曲を知ろう

長縄を揺らし「いちわのからすがカアカア…」と歌いながら4回跳び、すばやく外に出ます。これを10人続けて跳ぶというあそびの歌です。

ポイント ユーモラスな動きをつけてさらに楽しく！

「一羽のカラス」「二羽のにわとり」と数と言葉の掛詞が楽しいわらべうたです。「カアカア」「コケコッコー」など、わかりやすい部分は子どもも一緒に歌ってみましょう。

1・2歳児　いちわのからす

いちわのからすがカアカア　にわのにわとりコケコッコー
さんはさかながおよぎだす　しはしらがのおじいさん
ごはごほうびいただいて　ろくはろうそくふいてけし
しちはかわいいしちごさん　はちははまべのしろうさぎ
くはくじらのおおあくび　じゅうはじゅうごやおつきさま

向こう横町

茶店でだんごを食べようとしたら…。
ストーリー性豊かな歌詞が特徴の歌です。

🎵 曲を知ろう

「いっせん」はお金の一銭、「おせんのちゃや」はお仙という女の人がいる茶店のこと。童謡作曲家の本居長世の編曲によって有名になりました。

ポイント　歌の情景を話してイメージを共有しよう

茶店でだんごを食べようかと考えているうちに、とんびがだんごをさらってしまった…というストーリー。歌の情景を話してから保育者が歌って聞かせましょう。

1・2歳児　向こう横町

3.4.5歳児 わらべうた

少人数で遊んでいた子どもも、徐々に大勢で関わるのが楽しくなってきます。
役割が把握できない子どもには保育者が声をかけて配慮していきましょう。

- これくらいの おべんとばこに …108
- なかなかホイ …110
- いたずらねずみ …111
- いちにのさん …112
- ほせほせからかさ …113
- いちじく にんじん …114
- 茶ちゃつぼ …116
- いちがさした …117
- はちべえさんと じゅうべえさん …118
- じゅうごやさんの もちつき …120
- かれっこやいて …121
- 弁慶 …122
- じゃんけん ほかほか …124
- じゃがいも芽だした …125
- ちょっぱー ちょっぱー …126
- おてらのおしょうさん …127
- 竹やぶのなかから …128
- ちょっとおばあさん …130
- おちゃらか …131
- なべなべそっこぬけ …132
- おしくらまんじゅ …133
- ことろ …134
- でんでらりゅうば …135
- おおなみこなみ …136
- たけのこ いっぽん …137
- あんたがたどこさ …138
- はじめのいっぽ〜だるまさんがころんだ …139
- らかんさん …140
- ひらいた ひらいた …141
- 花いちもんめ …142
- あぶくたった …144
- ことしのぼたん …146
- 糸屋のおばさん …147
- やまがあって …148
- がいこつ …149
- ぼうがいっぽん …150
- つるさんは まるまるムし …152
- みみずがさんびき …153
- どびん …154
- たびやのおじさん …155

これくらいの おべんとばこに

食べ物の名称と数字が掛詞(かけことば)になっているわらべうた。子どもたちも大好き！ 園でも定番です。

🎵 曲を知ろう

この歌詞が原詞ですが、NHKの子ども番組で放送されたときに「にんじん→さくらんぼ→しいたけ」と歌われました。

ポイント　徐々にテンポアップ

3歳児になるとチョキ（にんじん）の形が出せるようになり、手や指がすばやく正確に動くようになります。はじめはゆっくりと、徐々にテンポをあげてあそびましょう。4・5歳児は、友達と競争しても盛り上がります。

3・4・5歳児　これくらいの おべんとばこに

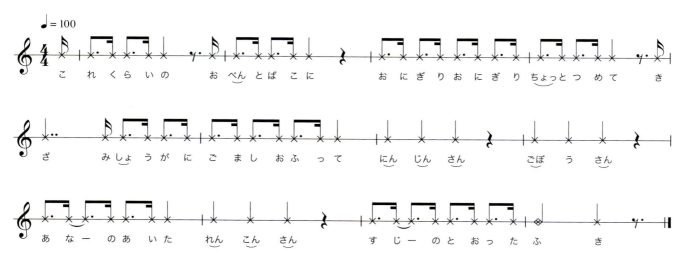

あそびかた

① これくらいの おべんとばこに

両手の人差し指で、四角形を2回かきます。

② おにぎり おにぎり

両手を合わせておにぎりを握るしぐさをします。

③ ちょっとつめて

お弁当箱におにぎりをつめるしぐさをします。

④ きざみ しょうがに

片手をまな板、片手を包丁に見立てて刻むしぐさをします。

⑤ ごましお ふって

ごましおをかけるしぐさを2回します。

⑥ にんじんさん

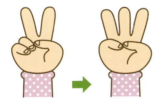

右手の指を2本、次に左手の指を3本出します。

⑦ ごぼうさん

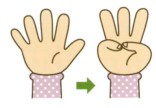

右手の指を5本、次に左手の指を3本出します。

⑧ あなーのあいた れんこんさん

親指と人差し指で両目のまわりを囲み、まわすように動かします。

⑨ すじーの とおった

左腕の手首から肘に向かって右手の人差し指でなでます。

⑩ ふ

左手のひらにフーッと息をかけます。

⑪ き

右手でパチンと大きな音を立て、左手をたたきます。

なかなかホイ

覚えやすいメロディーとシンプルな歌詞のわらべうた。
手のひらを内側に向けたり外側に押したりしてあそびます。

🎵 曲を知ろう

幸せなよいことは自分のほうへ、嫌なことは外へ
…という内容です。二人組になって「ホイ」のと
ころで両手を合わせても楽しめます。

あそびかた

① なかなか

両手を前に出し、手のひらを自分に向けて2回振ります。

② ホイ

両手のひらを外に向けます。

ポイント 最初は声に出してゆっくりやってみよう

「なかそと そとなか」の動作が少し難しくなっています。は
じめはゆっくりと、慣れたら少しずつテンポをあげます。声
を出し、歌いながらやるとやりやすくなります。

③ そとそと

手のひらを外に向けて前方に押し出すように2回振ります。

④ ホイ

両手のひらを内側に向けます。

⑤ なかそと そとなか

歌詞に合わせて手のひらを内側と外側に向けます。

⑥ なかなか ホイ

❶、❷と同じ動作をします。

3・4・5歳児 / なかなかホイ

いたずらねずみ

指の間をトントントン…。
一人であそんでも楽しい手あそびうたです。

🎵 曲を知ろう

「間とり」「指ケンケン」といわれる手あそび歌。詞が19拍になると、ちょうど指の間を行ったり来たりします。

ポイント　はじめは保育者がやってみせよう

指にふれないように指の間をすばやくつきます。慣れたらどんどんスピードアップさせましょう。はじめは保育者が子どもの前でやってみせると、興味をもってあそびをスタートできます。

あそびかた

左手をひろげて机の上に置きます。右手の人差し指で左手の親指の外側を出発点①にして「い」で②、「た」で出発点③…と1音ずつ順番に指の間をつきます。1回つくたびに出発点に戻り、小指の外側までついたら小指側から同様に戻ります。

★ アレンジしよう

早口言葉を使ってチャレンジ

早口言葉を使っても楽しめます。「となりの客はよく柿食う客だ」など16拍の場合は、最後に「そうだ」など3拍を足して19拍にしてあそんでもよいでしょう。

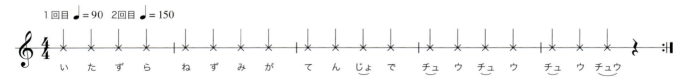

3・4・5歳児　いたずらねずみ

いちにのさん

歌に合わせて指で数を表します。
数字に興味をもつきっかけにもなります。

🎵 曲を知ろう

昭和の初め頃から小学生を中心に歌い継がれている指あそび。「にのしのご」のあと「ご いち さんの しの…」と別の歌詞を歌う地域もあります。

ポイント　5歳児は間に拍手を入れても

はじめは利き手の指だけでやってみましょう。慣れたら両手で一緒に数を出します。5歳児はグレードアップして、四分休符のところで一回拍手を入れてみてもよいでしょう。

あそびかた　歌詞に合わせて指で数字を出してあそびます。

① いち	② にの	③ さん	④ にの	⑤ しの	⑥ ご

⑦ さん	⑧ いち	⑨ にの	⑩ しの	⑪ にの	⑫ しの	⑬ ご

いちにの さん　にのしのご　さんいちにのしのにのしのご

ほせほせからかさ

子どもたちには新鮮な、昔の傘を題材にしたわらべうた。
1回目は簡単で2回目は難しいあそびです。

🎵 曲を知ろう

「からかさ」は江戸時代の傘のこと。自分が使う傘は陽に干して、人に貸すときは破れた傘を…とユーモラスに歌ったわらべうたです。

ポイント できそうでできない おもしろさを体験

2回目の、前に出す手をグーにするとき、思わず間違えてしまいます。大人でも慣れないと上手にできないことも。できそうでできないおもしろさを味わいましょう。

あそびかた

歌詞に合わせて動作をしながら続けて2回歌います。1回目は片手をパーにして前に、もう片方はグーで腰につけます。

2回目は片手をグーにして前に、もう片方はパーにして腰につけます。下のリズムで交互に手を出します。

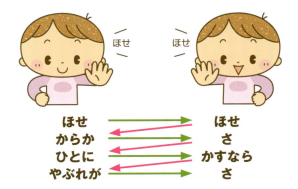
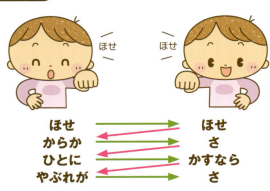
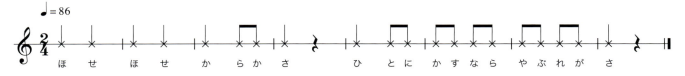

いちじく にんじん

1から10までの音をもつ
野菜が勢ぞろい！
あそぶ前に本物の野菜を見せても。

🎵 曲を知ろう

とうなす（唐茄子）は、かぼちゃのこと。やつがしら（八つ頭）は、さといもの仲間です。おはじきの歌ですが、手まりや羽根つきあそびなど、数を数えるときにも使われています。

ポイント　替え歌をつくろう

地域によって「むきぐり」を「むかご（やまいもの珠芽）」、「なっぱ」を「ななくさ」、「とうなす」を「とうがん」や「とうがらし」と歌うこともあります。みんなで替え歌をつくってみましょう。

3・4・5歳児　いちじく にんじん

いちじく にんじん さんしょで しいたけ ごぼうに むきぐり なっぱに やつがしら くわいに とうなす スッ トン トン

あそびかた

歌詞に出てくる数字に合わせて指を出してあそびます。最後に3回手をたたきます。

1 いちじく

2 にんじん

3 さんしょで

4 しいたけ

5 ごぼうに

6 むきぐり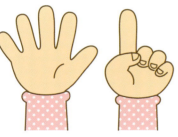

7 なっぱに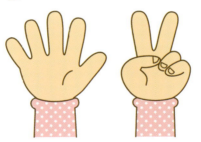

8 やつがしら

9 くわいに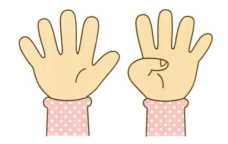

10 とうなす

11 スットントン

茶ちゃつぼ

言葉の響きと手の動きがリズミカルな一曲。
歌の最後は、茶つぼにふたができるかな?

🎵 曲を知ろう

「ずいずいずっころばし」(91ページ)と同様に江戸時代、徳川将軍に献上するお茶を運んだ「お茶つぼ道中」に由来しているわらべうたです。

ポイント　はじめは動作を確認しながら

4つの動作の繰り返しだけで構成されていますが、慣れるまではゆっくりとひとつひとつの動作を確認しながらやってみましょう。コツがわかると驚くほど速くできるようになります。

あそびかた

基本の4つの動作を歌の最後まで繰り返します。
＊歌詞の下の数字に合わせて、手を動かします。

① ちゃ

グーにした左手にパーにした右手をのせてふたをします。

② ちゃ

左手はそのままに、パーにした右手を左手の下に当てます。

③ つ

グーにした右手にパーにした左手をのせてふたをします。

④ ぼ

右手はそのままに、パーにした左手を右手の下に当てます。

3・4・5歳児　茶ちゃつぼ

いちがさした

二人で順番に手の甲をつまみ合う手あそび歌。
油断していると手をたたかれてしまいます。

🎵 曲を知ろう

数字の8と「ハチ」をかけた言葉あそびです。最後はすばやく手を引かないと、たたかれてしまうので、子どもたちはドキドキです。

あそびかた

二人で向き合い、片手ずつ前に出して、「…がさした」で相手の手の甲をつまみます。これを繰り返し、最後の「チクーッ」で下の手をすばやく上にして相手の手をたたきます。相手はたたかれないように、すばやく手を引きます。

① いちがさした

② にがさした

ポイント　慣れたら多人数であそんでみよう

慣れてきたら、4、5人で輪になって、あそんでみましょう。このときは、手をたたかれてしまった子が抜けていき、最後まで残った子が勝ち、というルールにします。

③ さんがさした

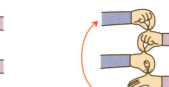

④ しがさした…ブンブンブンの

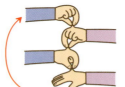

⑤ チクーッ

BはすばやくAの手をたたきます。Aはたたかれないように手を引きます。

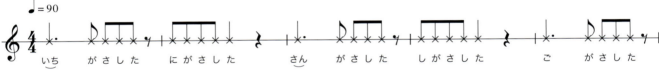

いち　が さした　に が さした　さん　が さした　し が さした　ご　が さした

ろく　が さした　しち　が さした　はち　が さしたら ブン ブン ブン の　チクーッ

はちべえさんと じゅうべえさん

二人の男が登場するゆかいな手あそび歌です。
覚えると何度もやってみたくなります。

🎵 曲を知ろう

「はちべえさんとじゅうべえさんがけんかして」までは全国同じですが「いどのなかへ」以降は各地でさまざまな替え歌がつくられています。

ポイント　動きを知ろう

「はち」は漢数字の「八」、「じゅう」は漢数字の「十」という形を指で表していることを話してからあそびましょう。「おいかけられてにげられて」は自由に何回も繰り返し、次第にテンポアップするとおもしろさが伝わりやすくなります。

3・4・5歳児
はちべえさんと　じゅうべえさん

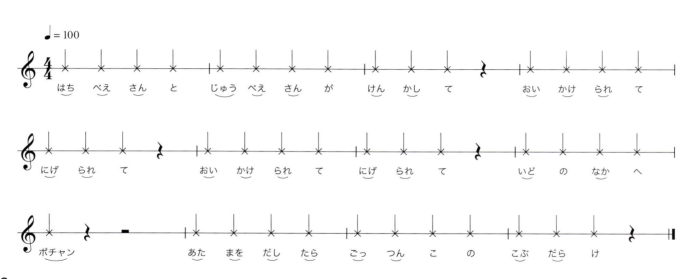

あそびかた

1 はちべえさんと

両手の人差し指で漢字の八をつくります。

2 じゅうべえさんが

両手の人差し指で漢字の十をつくります。

3 けんかして

両手の人差し指を打ち合わせます。

4 おいかけられて… にげられて

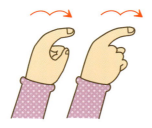

片方が追いかけ、片方が逃げる動作をし、その後向きをかえて同じ動作をします。

5 いどのなかへ ポチャン

右手で輪をつくり、左手の人差し指を上から入れます。

6 あたまをだしたら

右手の輪に左手の人差し指を下から入れます。

7 ごっつんこの

両手をグーにして、1回打ち合わせます。

8 こぶだらけ

頭を軽くたたきます。

★ アレンジしよう

昔話の主人公で

「ももたろうとうらしまさんが…」など、よく知られているお話の登場人物の名前を織り込んであそんでみましょう。クラスの子を順番に登場させても楽しめます。

じゅうごやさんのもちつき

餅つきの様子を表す擬音が楽しいわらべうた。
大人も楽しめるちょっと高度な動作にチャレンジ！

🎵 曲を知ろう

平安時代から旧暦の8月15日は最も空が澄み、月がきれいに見えることから月見の宴が開かれ、江戸時代には収穫祭として団子を供えました。

あそびかた

二人一組であそびます。一人は「つき手」、もう一人は「合いの手」の役割をします。

1 じゅうごやさんのもちつきは
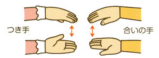
つき手も合いの手も上下に4回たたきます。

2 トーン…ッタ

両者とも12回たたきます。合いの手は「テッ」でつき手の手のひらをすばやくたたきます。

3 おっこねた…おっこねた

つき手は8回たたきます。合いの手は「おっこね」でつき手の手のひらを右手でこねます。

4 トッツイタ…トッツイタ

つき手は8回たたきます。合いの手は「トッツイ」でつき手の手のひらを両手を合わせてつつきます。

5 シャーンシャーン

つき手は2回たたき、合いの手は「シャーン」でつき手の手の間をくぐるようにして右側で1回拍手、次の「シャーン」で左側で同様にたたきます。

6 シャンシャンシャン…シャン

つき手は2回たたき、合いの手は、「シャン」で、つき手の上、次の「シャン」で中、次の「シャン」で下を1回ずつたたきます。5、6の動作を繰り返します。

ポイント 合いの手はすばやく

最後まで同じテンポの「つき手」に対して「合いの手」は「つき手」のすきを見てすばやく動作をします。

かれっこやいて

鬼決めあそびのひとつです。
人数が多いときは数回繰り返して歌いましょう。

🎵 曲を知ろう

「かれっこ」は魚のことで、手のひらを魚に見立てています。「ひっくりかえして」を「ひっくりきゃあして」などと歌う地域もあります。

ポイント 「鬼決め」以外のあそびかたも

もとは「ずいずいずっころばし」（91ページ）と同様の鬼決めあそびです。「け」で当たった手をひっくり返し、はやく両方の手が手のひらになった子が勝ち、というあそびかたもあります。

あそびかた

両手を手の甲を上にして出し、輪になります。リーダーは二拍に1回ずつみんなの手の甲を順に指で軽くつつきます。

歌の最後で当たった手の甲の子が鬼になります。

★ アレンジしよう

相談しながら、あそびかたの工夫を

あそびに慣れたら、最後に当たった子がみんなの前で歌うというルールにするのもアイデア。子どもたちと相談しながら、さまざまなあそびかたを楽しみましょう。

弁慶

源義経の忠臣で、怪力無双の「弁慶」。
力強い動作が特徴の手あそび歌です。

🎵 曲を知ろう

平安末期の僧、弁慶は七種類の重い道具を使いこなしたといわれています。「ウントコドッコイショ」はその重い道具をかついでいる様子を表しています。

ポイント

弁慶の物語を話してからあそぼう

体が大きく力持ちの弁慶が五条大橋で牛若丸と出会う物語を話してからあそぶと興味をもって楽しめます。弁慶になったつもりで、重々しく動作をすると、ユーモラスな動きになり、さらに盛り上がります。

3・4・5歳児　弁慶

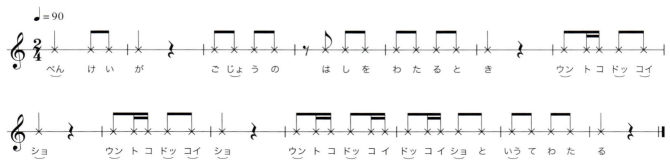

あそびかた

1 べん

1回拍手します。

2 けい

右手を斜め前に出します。

3 が

左手を右手に添えるように出します。

4 ごじょ

1回拍手します。

5 うの

右手で左肘をたたきます。

6 はし

右手で左肩をたたきます。

7 を

右手を左肩に置き、左手で頭をたたきます。

8 わた

右手は肩のまま、左手で右肩をたたきます。

9 ると

右手をすばやく伸ばし、同時に左手で右肘をたたきます。

10 き

1回拍手をします。

11 ウントコ ドッコイショ ウントコ ドッコイショ

❶～❸を2回繰り返します。

12 ウントコ…というてわたる

❹～❿を繰り返します。

じゃんけん ほかほか

昭和に入ってからひろまったわらべうた。
負けたら肩たたきをする役になります。

🎵 曲を知ろう

「ほかほか」と「北海道」が掛詞（かけことば）になっています。あそびがひろがるうちに、2番のような歌詞が歌われるようになりました。

ポイント　じゃんけんが楽しくできる

じゃんけんをするときに、手を出すタイミングをみんなで計るために1番だけを繰り返し歌うこともあります。また「じゃんけんじゃがいもさつまいも」など、替え歌も楽しみましょう。

3・4・5歳児　じゃんけん ほかほか

あそびかた

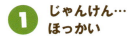

1番

① じゃんけん…ほっかい

二人で向き合って両手を上下に振ります。

② どう

じゃんけんをします。あいこのときは2番を歌います。

2番

③ あいこでアメリカ　ヨーロッパ

両手をつないで振り、「パ」でじゃんけんをします。

負けた人は勝った人の肩たたきをします。

124

じゃがいも芽だした

腕を組んだポーズを基本に、片手だけで表現するあそびうたです。大人っぽい動作がかっこいい！

🎵 曲を知ろう

本来は「かぼちゃが芽だした」ですが、昭和に入ってから「じゃがいも」で歌われるようになりました。

あそびかた

① じゃがいも

二人で向き合い、右手をグーにしながらグーが上にくるように腕組みします。

② めだした

それぞれ、腕を組んだまま右手の親指を立てます。

③ はなさきゃ

右手をパーに開きます。

ポイント アクセントをつけて歌おう

「めだした」「ひらいた」「ちょんぎるぞ」の最初の一音にアクセントをつけて歌うとあそびやすくなります。勝った人は負けた人をくすぐるなどのルールを決めても。

④ ひらいた

右手のひらを外に向けます。

⑤ はさみで

右手でチョキをつくり、指を立てます。

⑥ ちょんぎるぞ

チョキを外に向けます。

⑦ エッサッサの

かいぐりをします。

⑧ サッ

じゃんけんをします。

じゃがいも めだした はなさきゃ ひらいた はさみで ちょんぎるぞ エッサッサの サッ

ちょっぱー ちょっぱー

じゃんけんあそび　CD❷ 29

手あそびのあとに、じゃんけんをしてあそびます。
どんどんスピードアップしましょう。

🎵 曲を知ろう

「ちょっ」「ちょー」はチョキのことですが、地域によって「ちい」のところもあります。「ぐーすけ」はグー、「ひらいて」はパーを意味します。

あそびかた

1 ちょっぱー ちょっぱー

二人で向き合い、歌に合わせ両手をチョキとパーにします。これを繰り返します。

2 ちょーちょっ
両手でチョキをつくり、2回振ります。

3 ぱー
パーをつくります。

ポイント

「足じゃんけん」であそんでも楽しい！

はじめは片手だけで手を出し、慣れてきたら両手であそびましょう。また、手ではなく足でグーチョキパーを出す「足じゃんけん」であそんでも盛り上がります。

4 ぐーすけ
グーをつくります。

5 ひらいて
❸と同様にします。

6 ちょーちょっ
❷と同様にします。

7 ぱー
❸と同様にします。

8 どどんがどん
じゃんけんをします。

お てらのおしょうさん

園でも定番の一曲。クラス全員で輪になってあそんでも盛り上がります。

♪ 曲を知ろう

地域によって歌詞が異なりますが、最後のじゃんけんは同じです。「せっせっせっ」（80ページ）をしてから始めることもあります。

あそびかた

1 おてらの…まきました

二人で向き合い、自分の手のひらと相手の手のひらを交互に打ちます。

2 めがでて

両手を合わせて芽をつくります。

3 ふくらんで

芽をふくらませます。

4 はながさいたら

両手首をつけたまま、指を開き花の形をつくります。

5 じゃんけんぽん

じゃんけんをします。

ポイント

まず「平手合わせ」を覚えよう

❶の手のひらを打ち合わせる「平手合わせ」は3歳の後半くらいからできるようになります。この動作ができると、あそびの幅が広がります。慣れたら輪になって多人数であそびましょう。

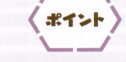

3・4・5歳児　おてらのおしょうさん

竹やぶのなかから

別名「林のなかから」「青山の土手から」。
たくさんの登場人物のしぐさがユニークです。

🎵 曲を知ろう

「おまわりさん」はひげをはやした巡査。
「おしょうさん」は木魚をたたく様子。
「パラリコさん」は一銭をひろう動作を
表しています。

3・4・5歳児 竹やぶのなかから

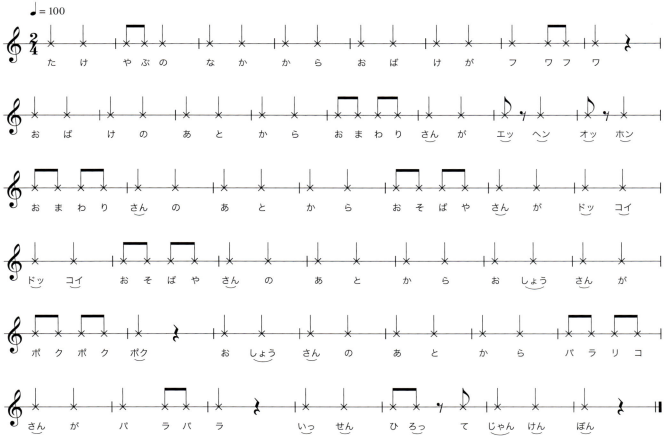

♩=100

たけ やぶの なか から おばけが フワフワ
おばけの あと から おまわり さんが エッヘン オッホン
おまわり さんの あと から おそばや さんが ドッコイ
ドッコイ おそばや さんの あと から おしょう さんが
ポクポクポク おしょう さんの あと から パラリコ
さんが パラパラ いっせん ひろって じゃんけんぽん

あそびかた

1 たけやぶのなかから おばけが

二人で向き合い、自分の手のひらと相手の手のひらを交互に打ちます。

2 フワフワ

両手を前に出してお化けのポーズをします。

ポイント 歌う前に特徴を

登場人物の特徴を子どもたちに話してからあそぶと動作を覚えやすく、さらに楽しめます。おそばやさんが出前をするしぐさは、肘を上げるようにすると上手にできます。

3 おばけのあとから …オッホン

❶の動作のあと、両人差し指で鼻の下から八の字にひげの形をつくります。

4 おまわりさんの… ドッコイドッコイ

❶の動作のあと、おそばの「せいろ」をかつぐしぐさをします。

5 おそばやさんの… ポクポクポク

❶の動作のあと、左手を握って右手の人差し指でたたきます。

6 おしょうさんの… パラパラ

❶の動作のあと、手のひらをキラキラと振ります。

7 いっせんひろって

お金をひろうしぐさをします。

8 じゃんけんぽん

じゃんけんをします。

ちょっとおばあさん

手の形を覚える「かたちじゃんけん」と勝負をつける
「勝ち負けじゃんけん」が組み合わさったあそび歌です。

🎵 曲を知ろう

「おばあさん」は「ばあさん」、「おにぎり」は「ぐーすけ」「グリコ」などと歌われる地域もあります。

あそびかた

① ちょっと

チョキを出します。

② おばあさん

パーを出します。

③ おにぎり

グーを出します。

ポイント　はじめに手の形をしっかり覚えよう

リズムが速くなると混乱してしまうので、はじめにしっかりと手の形を覚えることが大切です。「ちょっと」はチョキ、「おばあさん」はパー、「おにぎり」はグーと覚えるとスムーズです。

④ ちょうだい

チョキを出します。

⑤ かみに

パーを出します。

⑥ つつんで

グーを出します。

⑦ ちょうだい ちょうだい

チョキを出して2回大きく振ります。

⑧ じゃんけん ぽん

じゃんけんをします。

おちゃらか

「かったよ」「まけたよ」を異なるしぐさで同時に歌うわらべうた。間違えやすい動作を正しくできるかな？

🎵 曲を知ろう

「ちゃら」は江戸時代からある言葉。「差し引きゼロにしよう」といった意味があり、今の勝敗は「ちゃら」にしようという歌です。

あそびかた

1 せっせっせの よいよいよい

二人で向き合って手をつなぎ、上下に軽く振ります。

2 おちゃ

手を上下にして、リズムに合わせて1回打ちます。

3 らか

右手は相手の手をたたき、左手は相手の手を受けます。

4 おちゃらか…ホイ

2、3の動作を繰り返し、「ホイ」でじゃんけんをします。

ポイント　相手につられずに動けるかな？

勝った子と負けた子で動作が異なります。相手の動作につられないようにすることがポイント。9～12小節を繰り返し、動作についてこられなくなった子が、本当の負けとなります。

5 おちゃらかかったよ（まけたよ）おちゃらかホイ

◆ 2、3の動作のあと、勝った子は「かったよ」と言いながら両手を上げます。負けた子は「まけたよ」といいながらおじぎをします。

◆ あいこのときは「どうじで」と言いながら腰に手を当てます。「おちゃらかホイ」は4に同じです。

なべなべそっこぬけ

集団あそび CD② 34

二人でも多人数でも楽しめるあそびのわらべうた。
クラス全員で大なべになってあそんでも。

🎵 曲を知ろう

本来は二人組で両手をつなぎ、歌いながらつないだ手のなかをくぐって背中合わせになり、また戻るというあそびかたです。

ポイント 手を離さないことが大切！

手をつないだまま背中合わせになったら、もとに戻るときは手を離さないことがポイント。多人数で輪になった場合も、手を離さないように注意しながら入ってきたところを後ろ向きでくぐります。

3・4・5歳児　なべなべそっこぬけ

あそびかた

1 なべなべそっこぬけ
そっこがぬけたら

手をつないで輪になり、手を前後に揺らします。

2 かえりま

輪の一か所の子が手を上げます。その正面にいる子が手をつないだままくぐり抜けます。

3 しょう

全員が手をつないだまま、背中向きの輪になります。もう一度歌い、後ろ向きのまま輪をくぐってもとの❶に戻ります。

なべ　なべ　そっこ　ぬけ　そっこ　が　ぬけ　たら　かえり　ま　しょう

おしくらまんじゅ

寒い時期に大声で歌いたくなるわらべうた。
「まんじゅ」は「まんじゅう」のことです。

🎵 曲を知ろう

江戸時代には「押し競べ（おしくらべ）」というあそびで楽しまれていました。地域によっては「押しあい」「押しくらまんぞ」とも呼ばれています。

ポイント　場所に注意する

背中合わせになって押し合い、誰かを輪の外に押し出します。4・5歳児はかなり力いっぱい押し合えるので、安全面に注意して広い場所であそぶことが大切です。

3・4・5歳児　おしくらまんじゅ

あそびかた

全員が入る直径3メートル程度の円をかきます。数人の子が背中をなかにして丸くなり、お互いに腕を組み合います。歌いながらいっせいに中心に向かって力いっぱい押し合い、後ろの人を円の外に出します。安全のため、保育者が中心に立ち、押し合うようにしてもよいでしょう。

★ アレンジしよう

年齢ごとにあそびかたの工夫を

3歳児は、円をかかず4人程度で押し合いをします。4・5歳児は6〜10人くらいで円をまんじゅうの皮、自分たちを「あんこ」に見立てて押し合います。

おしくらまんじゅ　おされてなくな　あんまりおすと　あんこがでるぞ

ことろ

迫力のある歌詞が特徴のわらべうた。歌のイメージに合った、スリル満点の鬼ごっこは子どもたちに人気です。

🎵 曲を知ろう

「子盗ろ」または「子捕ろ」と呼ばれ、地獄から鬼が子を盗りに来るのを地蔵菩薩が防ぐという歌です。

ポイント　大きな声で元気よく歌おう

鬼と子どもたちの歌の掛け合いをしっかり歌いわけましょう。「とるならとってみろ」は鬼以外の子ども全員が声をそろえて力強く歌うとあそびに勢いがつきます。

あそびかた

鬼を一人決めます。他の子は一列になって肩に手を置き連なります。先頭の子は親になって両手をひろげます。

1 ことろことろ…あのこをとろか

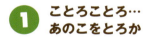

鬼が歌います。

2 とるならとってみろ

親と子どもたちが歌いながら逃げます。鬼は最後尾の子をつかまえようとします。

3 ことろことろ

最後尾の子がつかまったら、親が鬼になり、鬼は最後尾について、再びあそびます。

Ⓐは鬼、Ⓑは他の子が歌います。

でんでらりゅうば

方言が楽しい、長崎県のわらべうた。
本来は手あそびの振りがついている歌です。

🎵 曲を知ろう

長崎弁の「来る」は「行く」の意味です。「出られるなら出て行くが出られないから出て行かない」と龍が歌っています。

ポイント 「それーっ」のかけ声を力強く！

並んでいる子どもたちは龍で、鬼は龍のしっぽをつかまえます。鬼が最後にかける「それーっ」のかけ声を大きくはっきりと言うことがポイント。あそびがさらに盛り上がります。

あそびかた

1 でんでらりゅうば でてくるばってん

数人が一列になり、つながってしゃがみます。鬼は3メートルくらい離れたところに立ちます。歌に合わせて子どもは立ち上がります。

2 でんでられんけん… こられられんけん

子どもたちは軽く膝を屈伸し、リズムをとります。先頭の子は両手をひろげて左右に振ります。

3 こんこん

子どもたちは大きく2回ジャンプします。

4 「それーっ」

鬼は列の一番うしろの子をつかまえに行きます。先頭の子は両手をひろげ鬼のじゃまをします。

お おなみこなみ

長縄跳びの定番ソングです。
「波跳び」に慣れてから「まわし跳び」にも挑戦してみよう！

🎵 曲を知ろう

大きく、小さく左右に縄を揺らすことで波を表現し、最後の「まわし跳び」はねこの目がぐるっとまわる様子を表しています。

ポイント 段階別に難易度をあげよう

はじめは、波の大きさを一定にし、「波跳び」だけであそびます。慣れたら本来の「おおなみこなみで」の動作であそび、上達したら全部「まわし跳び」で跳んでみましょう。

あそびかた

1 おおなみこなみで

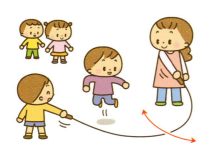

縄の持ち手は「おおなみ」で縄を左右に大きく揺らします。跳び手は縄に合わせて2回跳び、「こなみ」で小さく揺らして、再び2回跳びます。

2 ぐるりとまわして　ねこの

縄を大きく3回まわします。跳び手は3回跳びます。

3 め

3回目におりてきた縄を両足の間にはさんで着地します。

たけのこ いっぽん

集団あそび　CD2 39

たけのこをめぐっての掛け合いがゆかいなわらべうた。
たけのこ役のチームワークが大切！

🎵 曲を知ろう

たけのこは成長がとても早く、10日程度で竹になってしまいます。一旬（いっしゅん）で竹になるので「筍」と書かれます。

ポイント　簡単なルールを設定するとあそびがスムーズ

最初に「4本で芽が出たことにする」などのルールを決めてから歌うとよいでしょう。前の人にしっかり強くつながることがポイントです。

あそびかた

1 1番 たけのこ いっぽん おくれ

たけのこ役の子は一列に連なり先頭の子が木につかまり全員しゃがみます。鬼は歌います。

2 まだめがでないよ 2番 3番

木につかまっている子どもたちがいっせいに歌います。同様に3番まで歌い❶、❷の動作を繰り返します。

3 4番 たけのこよんほん… もうめがでたよ

鬼が「たけのこ…」と歌ったあと、子どもたちが歌います。

4 「それーっ」

鬼は「それーっ」と言いながら最後尾の子どもの腰を持ってひっぱります。手を離してしまった子が次の鬼になります。

Aは鬼、Bは他の子が歌います。

あんたがたどこさ

最も有名な「まりつき歌」といえばこの曲。
いつの時代でもひろく愛され歌われています。

🎵 曲を知ろう

「ひごさ」の肥後は熊本県ですが、実は関東の
わらべうたとする説も。このような「問答歌」は
幕末から明治にかけて多く生まれました。

あそびかた

1 あんたがたどこさ…
ちょいとおっかぶ

- 1拍ごとにボールを1回ついてあそびます。
- 慣れてきたら「さ」のところで、片足をあげて
ボールをくぐらせます。

2 せ

最後の「せ」で、スカートを
ボールにかぶせたり、お腹で
抱えたりします。

ポイント　手合わせしても

まりつき歌として有名ですが、室内やボールがないときは、詞のなかに「さ」が多いので「さ」のところで拍手をしたり、友達と手合わせをするあそびかたもあります。

はじめのいっぽ～だるまさんがころんだ

鬼に見られないように動き、鬼が見ているときはストップ！
スリル満点の楽しいあそび歌です。

🎵 曲を知ろう

「だるまさんがころんだ」は10文字。10まで数えるのと同じ意味をもちます。鬼はこの言葉を緩急をつけて言ってみましょう。

ポイント　もとに戻るには

鬼が見ていないすきに他の子がつないだ手を切ると、つかまった子はもとに戻ることができます。

あそびかた

木（壁）から少し離れたところにスタートラインを引きます。鬼を一人決め、鬼は木（壁）の前に立ちます。他の子はスタートラインに立ちます。

① はじめのいーっぽ

スタートラインに立った子はできるだけ大きな一歩を踏み出します。

② だるまさんがころん

鬼は木（壁）に顔をふせ、「だるまさんが…」と唱えます。その間に他の子は前に進んで鬼に近づきます。

③ だ

「だ」で鬼が振り向き、その瞬間は他の子たちは動きをとめます。鬼が振り向いた瞬間に動いてしまった子を鬼が指摘します。指摘された子は鬼と手をつなぎます。②、③を繰り返し、全員手をつなぐまで繰り返します。

らかんさん

隣の人のポーズを2拍遅れてまねることができるかな？
一人が間違えると途中で大混乱になります。

🎵 曲を知ろう

「らかんさん」とは釈迦の弟子の一人。江戸時代につくられた五百羅漢像が多様なポーズをしていることからうまれたあそび。

ポイント はじめは少人数で 慣れたら人数を増やそう

はじめは3人程度の小さな輪になってあそびましょう。慣れてきたら人数を増やし、保育者も輪に入って一緒にやりましょう。

あそびかた

① そーろった… まわそじゃないか

輪になり、それぞれが好きなポーズをしながら歌います。このとき、右隣の人のポーズを見ておきます（BはAを見る）。

② ヨイヤサノ

右の人のポーズをまねします（Bは❶のAのポーズをする）。

③ ヨイヤサ

もう一度、右隣の人のまねをします（Bは❷のAのポーズをする）。これを自分のポーズに戻ってくるまで繰り返します。

ひらいた ひらいた

真水でなく泥水のなかでこそ美しい花を咲かせる蓮を
題材にしたわらべうた。江戸から明治時代にかけて流行しました。

🎵 曲を知ろう

「れんげ」は水上で咲く「蓮（はす）」の花のことです。この歌は朝早く咲いて昼頃にしぼんでしまう様子を歌っています。

ポイント

みんなでテンポをしっかり合わせよう

歌に合わせて歩くだけのあそびですが、輪になって歩く、前後に進むなど、リズム歩行の基本形がたくさんつまっています。みんなでテンポをしっかり合わせることが大切です。

あそびかた

1番

① ひらいた ひらいた

みんなで手をつないで輪になり、小さくまわります。

② なんのはなが…ひらいた

まわりながら次第に手をひろげ、大きな輪になります。

③ ひらいたとおもったら

徐々に小さい輪になります。

④ いつのまにかつーぼんだ
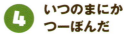

中腰になり、小さい輪に縮みます。

2番

⑤ つぼんだ…ひーらいた
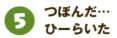

「いつのまにか」から手をつないだまま、徐々に輪をひろげるように歩きます。

3・4・5歳児 ひらいた ひらいた

141

花いちもんめ

曲を知ろう

「勝って」と「買って」が掛詞になったわらべうた。江戸時代、花は重さで売買され、一匁（いちもんめ）はとても軽いという意味が含まれています。

誰が名前を呼ばれるのか、ドキドキ…。
多人数で一緒にあそぶほど楽しいわらべうたです。

Ⓐは勝ち組が、Ⓑは負け組が歌います。

あそびかた

2グループに分かれ、じゃんけんでA組（勝ち組）とB組（負け組）になります。手をつないで一列になり、向き合います。

❶ かってうれしい はないちもんめ

A組が歌いながら前進し、B組は後退します。

❷ まけーてくやしい はないちもんめ

B組が歌いながら前進し、A組が後退します。

ポイント　どの子も名前が呼ばれるように

「はないちもんめ」の「め」で相手に向かって足を蹴り上げる方法もあります。友達の名前を覚えるには最適のあそび。どの子も一度は名前が呼ばれるように配慮してあそびましょう。

❸ となりのおばさん…わからん

❶、❷を繰り返します。

❹ そうだんしよう そうしよう

再び同様にします。

★ アレンジしよう

替え歌であそぼう

歌の前に「ふるさとまとめてはないちもんめ」と歌うこともあります。また、「となりのおばさん…」から「ふとーん…いかれない」までの歌詞は、地域によってさまざま。みんなで歌詞を工夫してもよいでしょう。

❺

各グループに分かれ、それぞれ相手のグループから一人を選びます。

❻ ○○ちゃんがほしい △△ちゃんがほしい

再び❶、❷と同様にします。

❼ じゃんけんぽん

各グループの名前を呼ばれた子が前に出てじゃんけんをします。負けた子が勝った子のグループに入ります。

あぶくたった

「むしゃむしゃむしゃ」の場面が楽しいわらべうた。
最後の追いかけっこまで、体をたっぷり動かすあそびです。

🎵 曲を知ろう

鍋のなかでブクブク煮たものが、夜中になると大入道になって出てきた…という物語を歌にしたもの。「あぶく」を「あずき」と歌う地域もあります。

ポイント　鬼のせりふはスリルたっぷりに

鬼は「よなかのにじ」「やなぎのしたのおおにゅうどう」などのせりふを、役になりきって言ってみましょう。さらに怖さとドキドキ感が増して盛り上がります。

3・4・5歳児　あぶくたった

A は他の子、B は鬼が歌います。

 鬼を一人決めます。その他の子は輪になり、中央に鬼がしゃがみます。

❶ あぶくたった…たべてみよう

輪になった子は手をつなぎ、歌いながらまわります。

❷ むしゃむしゃむしゃ まだにえない

止まって真ん中の鬼を食べるまねをし、再び輪に戻ります。

❸ あぶくたった…もうにえた

❶、❷と同様にします。

❹ となりの…よなかのにじ

輪になった子が鬼に聞き、鬼は「よなかのにじ」と答えます。

❺ ほんとの…なんていうの

輪になった子が鬼に聞きます。

❻ やなぎのしたのおおにゅうどう

鬼が答え、輪の子が逃げ、鬼ごっこをします。

★ アレンジしよう

鬼を増やしてあそぼう

最後の鬼ごっこでつかまった子も鬼になり、次のあそびでは鬼を二人に増やしてみましょう。鬼が二人になったら、次につかまった子と最初の鬼が交代します。

ことしのぼたん

みんなが「そう！」と言ったら鬼が追いかける、言葉のやりとりが楽しいわらべうたです。

あそびかた

鬼を一人決めます。他の子は手をつないで輪になります。

曲を知ろう

「ぼたん」は牡丹の花、「からげて」はひもでくくるといった意味があります。呪術的な意味を含んでいるともいわれていますが真偽は不明です。

> 鬼「いれて」。他の子「いや」。鬼「やまにつれていってあげるから」。他の子「いや」。鬼「かわにつれていってあげるから」。他の子「いや」。鬼「いえのまえをとおったらぼうでぶつよ」。他の子「えーっ！じゃあいれてあげる」。

1 ことしの… よいぼたん

手をつなぎ、まわります。鬼は輪の外で見ています。

2 おみみをからげて

つないだ手を離し、両耳のそばで人差し指をクルクルまわします。

3 スッポンポン… スッポンポン

両手を上下にこすり合わせるように3回たたきます。これを繰り返します。

4 （鬼と他の子のかけ合い）

5 だれかさんの… へびがいる

鬼の後ろに集まって、みんなで唱えます。

6 （鬼と他の子のかけ合い）

◆ 鬼が「わたし？」と振り向いたら、他の子は「ちがう」と答えます。❺、❻を数回繰り返します。
◆ 鬼が「わたし？」と聞き、他の子が「そう！」と答えたら、鬼ごっこを始めます。

ポイント

やりとりを楽しもう

❹の「やまにつれていってあげるから」などやりとりは自由に考えてやっても楽しいでしょう。

糸屋のおばさん

からまった手（糸）を、ほどけるかな？
大きな知恵の輪のようなあそびです。

🎵 曲を知ろう

みんなが手をつなぎ「糸」になり、鬼役の「糸屋のおばさん」が、からまった糸をもとに戻すあそびです。

ポイント　チーム対抗戦にしても楽しい！

できるだけ多人数で輪になってからみ合うと、ほどきづらくなり、盛り上がります。また、チーム対抗戦にして、速く糸をほどいたチームが勝ち、というルールにしてもよいでしょう。

あそびかた
あらかじめ鬼を決め、その他の子は輪になり手をつなぎます。

1

鬼は目隠しをし、その他の子は、輪になり手をつなぎます。

2

みんなは手をつないだまま、手の下をくぐったりまわったりして、もつれます。

3 いとやのおばさん といとくれ

もつれたら、みんなで「糸屋のおばさん」を歌い、これを合図に鬼はもつれた手をほどきます。

やまがあって

かわいらしい魚ができる絵かき歌です。
みんなでかいて海の絵を完成させてもよいでしょう。

🎵 曲を知ろう

もとはメロディーのない唱え歌でしたが、昭和の中頃にはこのメロディーで歌われるようになりました。

ポイント　形や大きさを工夫してかいてみよう

❶、❷の山と谷の形を三角のようにかくとエンゼルフィッシュやヒラメのような魚ができあがります。形や大きさを工夫して、さまざまな魚をかいてみましょう。

3・4・5歳児　やまがあって

あそびかた

❶ やまがあって

❷ たにがあって

❸ だんだんばたけに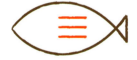

❹ むぎばたけ

❺ きゅうりがあって

❻ たまごがあって

❼ さかなになっちゃった

❶、❷、❺で形や大きさを工夫すると個性豊かに仕上がります。

🎵 曲を知ろう

古来、がいこつは恐怖感の象徴でした。しかし一方でユーモラスなキャラクターとして子どもたちの人気も博しています。

あそびかた

❶ まるちゃんが

❷ まるちゃんが

❸ おふろにはいって

❹ ゆげさんぼん

❺ あっというまにがいこつ

❻ ばってん

ポイント 不気味な雰囲気を演出しよう

子どもたちは、ちょっと不気味なものが大好き。わざとゆっくりと怖そうに歌うと盛り上がります。言葉の末尾にビブラートをつけて歌ってみると、不気味な雰囲気を演出できます。

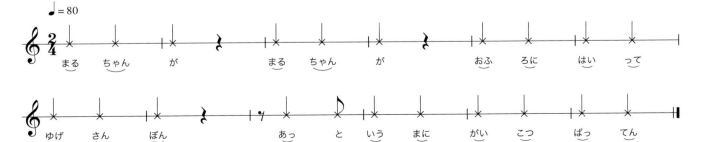

3・4・5歳児　がいこつ

ぼうがいっぽん

何?…と思っているとかわいらしいコックさんの絵になる、子どもたちに人気の絵かき歌です。

♪ 曲を知ろう

一本の棒から始まって、次々にいろいろなキャラクターに変身し、最後はコックさんになります。「かわいいコックさん」という題でも歌われています。

3・4・5歳児　ぼうがいっぽん

♩=80

ぼう が いっ ぽん あっ た と さ はっ ぱ か な

はっ ぱ じゃ な い よ か え る だ よ か え る じゃ な い よ

あ ひる だ よ ろく がつ むい かの さん かんび あめ ザア ザア

ふっ て き て さん か く じょう ぎ に ひ び いっ て あん パン

ふ たつ ま め みっ つ コッ ペ パン ふ たつ く だ さい

な あっ と い う ま に か わ い い コッ ク さん

1 ぼうが いっぽん あったとさ

2 はっぱかな

3 はっぱ じゃないよ かえるだよ

4 かえる じゃないよ あひるだよ

5 ろくがつ むいかの

6 さんかんび

7 あめザアザア ふってきて

8 さんかく じょうぎに

9 ひびいって

10 あんパン ふたつ

11 まめみっつ

12 コッペパン ふたつ

13 くださいな

14 あっというまに かわいい コックさん

 言葉の意味を 知らせてから始めよう

少し長いメロディーの絵かき歌です。歌のなかに出てくる「参観日」「三角定規」「コッペパン」などの言葉の意味を解説したり写真を見せたりしてからスタートしましょう。

つるさんは まるまるムし

ひらがなの形を利用した絵かき歌。
文字への興味を促す活動としても最適です。

🎵 曲を知ろう

文字を使った「文字絵」は江戸中期から始まったといわれています。この曲は、カタカナや図形も使われています。

ポイント ひらがな、カタカナ、漢字について話そう

文字への興味が高まる年長児に最適の絵かき歌。「つ」「る」はひらがな。「三」は漢字。「ハ」「ム」はカタカナといった文字の種類について、子どもたちに話してからあそびましょう。

3・4・5歳児
つるさんは まるまるムし

あそびかた

1 つ

2 る

3 さん（三）

4 は（ハ）

5 まる

6 まる

7 ム

8 し

つ　る　さ　ん　は　ま　る　ま　る　ム　し

みみずがさんびき

ひょうきんなタコができあがる絵かき歌。
曲線や直線をかく練習にもなります。

🎵 曲を知ろう

タコの外見を僧侶の頭に見立てて「たこ入道」といいます。広く知られている絵かき歌ですが「たまご」を「おだんご」と歌う地域もあります。

あそびかた

1 みみずがさんびき よってきて

2 たまごがみっつ ころがって

3 あめがザアザア ふってきて
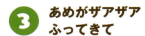

4 あられがポツポツ ふってきて
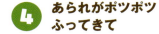

5 あっというまに たこにゅうどう
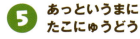

ポイント

足の線を自由にアレンジしてみよう

「あめがザアザアふってきて」の足の線を自由に大きく曲げたり長くしたりすると、最後に踊っているような動きのあるたこ入道ができあがります。

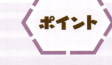

どびん

子どもにはなじみの薄い「どびん」について説明してから楽しくかきましょう。

🎵 曲を知ろう

土瓶は陶磁器でつくられた日本の伝統的な食器です。急須と似ていますが、より大きく直接火にかけられるものが土瓶です。

あそびかた

1 まるちゃんが

2 かいだんのぼって
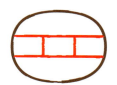

3 こぶだして
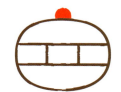

4 ばんそこはって

5 しただして ぼうだして

6 だれかとおもえば どびんさん
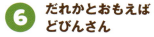

ポイント　はじめの形をアレンジしても

「まるちゃんが」の丸の形を大きくしたり、縦長にしたりすると、違った雰囲気の土瓶の形がかけます。さまざまな形にアレンジしてみましょう。

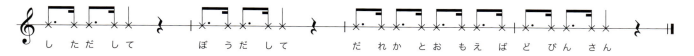

たびやのおじさん

足袋やさんは帽子をかぶって立派にみえるけど、計算は…?
歌詞がゆかいな絵かき歌です。

🎵 曲を知ろう

「足袋」は、つま先が親指と他の指の二つに分かれている形をしています。「かんかん帽」は明治時代後半から流行した男性用麦わら帽のことです。

ポイント 「足袋」や「計算」について話そう

あそびを始める前に、実際の「足袋」の形を見せましょう。また、歌のなかに登場する「3＋3」「10－10」などの計算式について話したりすると、イメージがしやすくなります。

あそびかた

| ① たびやのおじさん | ② かんかんぼう | ③ さんたすさんもしらないで | ④ じゅうひくじゅうは | ⑤ ゼロだとさ |

五十音順さくいん

あ行

あかちゃん	76
あがりめさがりめ	16
あぶくたった	144
あめこんこん	54
あんたがたどこさ	138
あんよはじょうず	62
いたいの いたいの とんでゆけ	51
いたずらねずみ	111
いちがさした	117
いちじく にんじん	114
いちにのさん	112
いちばんぼし	67
いちもんめの いっすけさん	102
いちりにり	44
いちわのからす	104
いっこ にちこ	40
いっぽ にほ さんぽしよ	42
いっぽんばし こちょこちょ	37
糸屋のおばさん	147
いない いない ばあ	17
いもむしごろごろ	96
うえから したから	49
うさぎ	45
うちのうらのくろねこ	82
うまはとしとし	43
えんやらももものき	48
おおさむこさむ	88
おおなみこなみ	136
おさらにたまご	78
おしくらまんじゅ	133
おせんべ	86
おちたおちた	101
おちゃらか	131
おちゃをのみに	92
おでこさんをまいて	19
おてらのおしょうさん	127
おでん でんぐるま	41
おてんとさん	53
おにさんこちら	63
おはぎがおよめに	87
おみやげみっつ	68
おやゆびさんで パーチパチ	30
おやゆびねむれ	74

か行

かいぐり かいぐり	29
がいこつ	149
かえるがなくから	69
かくれんぼ	99
かごめかごめ	95
からすかずのこ	100
かれっこやいて	121
草ぼうぼう	22
くまさん くまさん	89
げんこつやまの たぬきさん	85
ここは てっくび	32
ことしのぼたん	146
こどもとこどもが	71
こどものけんかに	72
ことりことり	47
ことろ	134
このベルならして	84
こめこめ こっちへこー	31
これくらいの おべんとばこに	108

さ行

さよなら あんころもち	70
さるのこしかけ	97

じゃがいも芽だした …… 125
じゃんけん ほかほか …… 124
じゅうごやさんの もちつき …… 120
ずいずい ずっころばし …… 91
せっせっせっ …… 80
せんぞやまんぞ …… 39

た行

たけのこ いっぽん …… 137
竹やぶのなかから …… 128
たびやのおじさん …… 155
だるまさん …… 18
だれにしようかな …… 55
ちいさいまめ こーろころ …… 33
ちちん ぷい ぷい …… 50
茶ちゃつぼ …… 116
中国地方の子守唄 …… 59
ちょうちん …… 77
ちょち ちょち あわわ …… 24
ちょっとおばあさん …… 130
ちょっぱー ちょっぱー …… 126
つるさんは まるまるムシ …… 152
てのひらぽっつんこ …… 28
てるてるぼうず …… 65
でんでらりゅうば …… 135
トウキョウト にほんばし …… 81
とおりゃんせ …… 98
どのこがよいこ …… 38
どびん …… 154
トマトはトントン …… 79
どんどんばし …… 94

な行

なかなかホイ …… 110
なきむしけむし …… 52
なべなべそっこぬけ …… 132
にぎりぱっちり …… 27
にっころ にっころ …… 26
にんどころ …… 20

ねんねころいち …… 57
ねんねんころりよ …… 56
ねんねんねやま …… 58

は行

はじめのいっぽ〜
だるまさんがころんだ …… 139
はちべえさんと じゅうべえさん …… 118
花いちもんめ …… 142
ぴよぴよちゃん …… 90
ひらいた ひらいた …… 141
ふくすけさん …… 34
弁慶 …… 122
ぼうがいっぽん …… 150
ぼうずぼうず …… 36
ほせほせからかさ …… 113
ほたるこい …… 103
ぽんちこ ぽんちこ …… 46

ま行

みみずがさんびき …… 153
向こう横町 …… 105

や行

やまがあって …… 148
ゆうやけ こやけ …… 66
ゆびきりげんまん …… 64

ら行

らかんさん …… 140

157

歌い出しさくいん

あ行

あかちゃん あかちゃん なぜなくの
　あかちゃん ……………………… 76

あがりめ さがりめ ぐるっと
　あがりめさがりめ ……………… 16

あぶくたった にえたった
にえたかどうだか
　あぶくたった …………………… 144

あめ こんこん やんどくれ
　あめこんこん …………………… 54

あんたがたどこさ ひごさ ひごどこさ
　あんたがたどこさ ……………… 138

あんよは じょうず ころぶは おへた
　あんよはじょうず ……………… 62

いたいの いたいの とんでゆけ
　いたいの いたいの とんでゆけ … 51

いたずらねずみが てんじょで
　いたずらねずみ ………………… 111

いちがさした にがさした
さんがさした
　いちがさした …………………… 117

いちじく にんじん さんしょで
しいたけ
　いちじく にんじん ……………… 114

いちにのさん にのしのご
　いちにのさん …………………… 112

いちばんぼし みつけた
　いちばんぼし …………………… 67

いちもんめの いっすけさん いのじが
きらいで
　いちもんめの いっすけさん …… 102

いちり にり さんりーしりしりしり
　いちりにり ……………………… 44

いちわのからすが カアカア
にわのにわとり
　いちわのからす ………………… 104

いっちこ にちこ さんちこ よんちこ
　いっちこ にちこ ……………… 40

いっぽ にほ さんぽしよ
　いっぽ にほ さんぽしよ ……… 42

いっぽんばし こちょこちょ
ばんそこ はって
　いっぽんばし こちょこちょ …… 37

いとやのおばさん といとくれ
　糸屋のおばさん ………………… 147

いない いない ばあ
　いない いない ばあ …………… 17

いもむし ごろごろ ひょうたん
　いもむしごろごろ ……………… 96

うえから したから おおかぜこい
　うえから したから ……………… 49

うさぎ うさぎ なにみて はねる
　うさぎ …………………………… 45

うちの うらの くろねこが
さんぱついって
　うちのうらのくろねこ ………… 82

うまは としとし ないてもつよい
　うまはとしとし ………………… 43

えんやら もものき ももがなったら
　えんやらもものき ……………… 48

おおきな ちょうちん ちいさな
ちょうちん
　ちょうちん ……………………… 77

おおさむ こさむ やまから こぞうが
　おおさむこさむ ………………… 88

おおなみ こなみで ぐるりと まわして
　おおなみこなみ ………………… 136

おさらに たまごに はしかけ ほい
　おさらにたまご ………………… 78

おしくらまんじゅ おされて なくな
　おしくらまんじゅ ……………… 133

おせんべ やけたかな
　おせんべ ………………………… 86

おちたおちた なにがおちた
　おちたおちた …………………… 101

おちゃをのみに きてください
　おちゃをのみに ………………… 92

おでこさんを まいて めぐろさんを
　おでこさんをまいて …………… 19

おてらの おしょうさんが かぼちゃの
　おてらのおしょうさん ………… 127

おでん でんぐるまに かねはち
のせて
　おでん でんぐるま …………… 41

おてんとさん おてんとさん
　おてんとさん …………………… 53

おにさん こちら てのなるほうへ
　おにさんこちら ………………… 63

おはぎが およめに ゆくときは
　おはぎがおよめに ……………… 87

おみやげ みっつに たこみっつ
　おみやげみっつ ………………… 68

おやゆびさんで パーチパチ
ひとさしゆびさんで
　おやゆびさんで パーチパチ … 30

おやゆびねむれ さしゆびも
　おやゆびねむれ ………………… 74

か行

かいぐり かいぐり とっとのめ
　かいぐり かいぐり ……………… 29

かえるが なくから かえろ
　かえるがなくから ……………… 69

かくれんぼするもの よっといで
　かくれんぼ ……………………… 99

かごめかごめ かごのなかの とりーは
　かごめかごめ …………………… 95

かってうれしい はないちもんめ
まけーてくやしい
　花いちもんめ …………………… 142

からす かずのこ にしんのこ
　からすかずのこ ………………… 100

かれっこやいて ひっくりかえして
　かれっこやいて ………………… 121

くさぼうぼう ひろばを まわって
　草ぼうぼう ……………………… 22

くまさん くまさん こんにちは
　くまさん くまさん ……………… 89

げんこつやまの たぬきさん
おっぱいのんで
　げんこつやまの たぬきさん …… 85

ここは てっくび てのひら
　ここは てっくび ………………… 32

ここは とうちゃん にんどころ
　にんどころ ……………………… 20

ことしの ぼたんは よいぼたん
　ことしのぼたん ………………… 146

こどもと こどもが けんかして
　こどもとこどもが ……………… 71

こどもの けんかに おやがでて
　こどものけんかに ……………… 72

ことり ことり むこうのやまへ
　ことりことり …………………… 47

ことろ ことろ どのこを とろか
　ことろ …………………………… 134

このベル ならして ピンポン
　このベルならして ……………… 84

こめこめ こっちへこー あわあわ
　こめこめ こっちへこー ………… 31

これくらいの　おべんとばこに
おにぎりおにぎり
　これくらいの　おべんとばこに ……… 108

さ行

さよなら　あんころもち　また　きなこ
　さよなら　あんころもち ……… 70

さるの　こしかけ　めたかけろ
　さるのこしかけ ……… 97

じゃがいも　めだした　はなさきゃ
ひらいた
　じゃがいも芽だした ……… 125

じゃんけん　ほかほか　ほっかいどう
　じゃんけん　ほかほか ……… 124

じゅうごやさんの　もちつきは
トーントーン
　じゅうごやさんの　もちつき ……… 120

ずいずい　ずっころばし　ごまみそずい
　ずいずい　ずっころばし ……… 91

せっせっせの　よいよいよい
　せっせっせっ ……… 80

せっせっせの　よいよいよい
おちゃらか　おちゃらか
　おちゃらか ……… 131

せんぞやまんぞ　おふねは　ギッチラコ
　せんぞやまんぞ ……… 39

そーろった　そろった　らかんさんが
そろった
　らかんさん ……… 140

た行

たけのこ　いっぽん　おくれ
　たけのこ　いっぽん ……… 137

たけやぶのなかから　おばけが
フワフワ
　竹やぶのなかから ……… 128

たびやのおじさん　かんかんぼう
　たびやのおじさん ……… 155

だるまさん　だるまさん　にらめっこ
　だるまさん ……… 18

だれにしようかな　てんじんさまの
　だれにしようかな ……… 55

ちいさいまめ　こーろころ
ちっとふくれて
　ちいさいまめ　こーろころ ……… 33

ちちん　ぷい　ぷい　ぷい
　ちちん　ぷい　ぷい ……… 50

ちゃちゃつぼ　ちゃつぼ　ちゃつぼにゃ
　茶ちゃつぼ ……… 116

ちょち　ちょち　あわわ　かいぐり
　ちょち　ちょち　あわわ ……… 24

ちょっと　おばあさん　おにぎり
ちょうだい
　ちょっとおばあさん ……… 130

ちょっぱー　ちょっぱー　ちょー
ちょっぱー
　ちょっぱー　ちょっぱー ……… 126

つるさんは　まるまるムシ
　つるさんは　まるまるムシ ……… 152

てのひら　ぽっつんこ　ひっくりかえして
　てのひらぽっつんこ ……… 28

てるてるぼうず　てるぼうず
　てるてるぼうず ……… 65

でんでら　りゅうば　でてくる　ばってん
　でんでらりゅうば ……… 135

トウキョウト　にほんばし
カキガラチョウの
　トウキョウト　にほんばし ……… 81

とおりゃんせ　とおりゃんせ
ここは　どこの　ほそみちじゃ
　とおりゃんせ ……… 98

どのこが　よいこ　このこが　よいこ
　どのこがよいこ ……… 38

トマトは　トントン　キャベツは
　トマトはトントン ……… 79

どんどんばし　わたれ
どんどと　わたれ
　どんどんばし ……… 94

な行

なかなかホイ　そとそとホイ
　なかなかホイ ……… 110

なきむし　けむし　はさんで　すてろ
　なきむしけむし ……… 52

なべなべ　そっこぬけ
そっこがぬけたら
　なべなべそっこぬけ ……… 132

にぎり　ぱっちり　たてよこ　ひよこ
　にぎりぱっちり ……… 27

にっころ　にっころ
　にっころ　にっころ ……… 26

ねんねこ　しゃっしゃりませ
　中国地方の子守唄 ……… 59

ねんねころいち　てんまのーいちーで
　ねんねころいち ……… 57

ねんねんーころりーよ　おこーろりよ
　ねんねんころりよ ……… 56

ねんねんねやまの　こめやまち
　ねんねんねやま ……… 58

は行

はじめのいーっぽ　だるまさんが
　はじめのいっぽ〜
　だるまさんがころんだ ……… 139

はちべえさんと　じゅうべえさんが
けんかして
　はちべえさんと　じゅうべえさん ……… 118

ぴよぴよちゃん　なんですか
　ぴよぴよちゃん ……… 90

ひらいた　ひらいた　なんのはなが
ひらいた
　ひらいた　ひらいた ……… 141

ふくすけさん　えんどうまめが
こげるよ
　ふくすけさん ……… 34

べんけいが　ごじょうのはしを
わたるとき
　弁慶 ……… 122

ぼうが　いっぽん　あったとさ
　ぼうがいっぽん ……… 150

ぼうず　ぼうず　ひざぼうず
　ぼうずぼうず ……… 36

ほう　ほう　ほたるこい　あっちのみずは
　ほたるこい ……… 103

ほせほせ　からかさ　ひとに　かすなら
　ほせほせからかさ ……… 113

ぽんちこ　ぽんちこ　やまさあべ
　ぽんちこ　ぽんちこ ……… 46

ま行

まるちゃんが　かいだんのぼって
　どびん ……… 154

まるちゃんが　まるちゃんが　おふろに
　がいこつ ……… 149

みみずが　さんびき　よってきて
　みみずがさんびき ……… 153

むこうよこちょうの　おいなりさんへ
いっせんあげて
　向こう横町 ……… 105

や行

やまがあって　たにがあって
だんだんばたけに
　やまがあって ……… 148

ゆうやけ　こやけ　あした　てんきに
　ゆうやけ　こやけ ……… 66

ゆびきりげんまん　うそついたら
　ゆびきりげんまん ……… 64

阿部直美（乳幼児教育研究所）

瀬戸市はちまん幼稚園園長、聖心女子大学講師を経て、乳幼児教育研究所所長。手あそび歌などの作詞・作曲、NHK子ども番組の企画、幼児向けDVDやCDの企画・制作などを手がけている。「さくらともこ」のペンネームで絵本作家としても活動。著書に、『グリーンマントのピーマンマン』シリーズ（岩崎書店）、『阿部直美のふれあい手あそび歌あそび101』（世界文化社）、『続・指あそび手あそび123』（チャイルド本社）、CD「0・1・2歳児のぴよぴよわらべうた」（NyuYoKen）などがある。

CD付き 0〜5歳児の楽しくふれあう！

わらべうたあそび120

2015年 3月10日　初版発行
2023年 6月20日　第15刷発行

著　者　阿部直美

©Abe Naomi, 2015

発行者　田村正隆

発行所　株式会社ナツメ社
東京都千代田区神田神保町1-52
ナツメ社ビル1F（〒101-0051）
電話　03-3291-1257（代表）　FAX 03-3291-5761
振替　00130-1-58661

制　作　ナツメ出版企画株式会社
東京都千代田区神田神保町1-52
ナツメ社ビル3F（〒101-0051）
電話　03-3295-3921（代表）

印刷所　凸版印刷株式会社

ISBN 978-4-8163-5787-9　Printed in Japan

＜定価はカバーに表示してあります＞
＜落丁・乱丁本はお取り替えいたします＞
※本書の一部分または全部を著作権法で定められている範囲を超え、ナツメ出版企画株式会社に無断で複写、複製、転載、データファイル化することを禁じます。

● 歌手（50音順）

内田順子

コロムビアレコード専属歌手・ミュージカル俳優を経て、現在、乳幼児教育研究所に所属。幼児のリズムあそびの講師として全国で指導を行っている。NHK教育テレビ「うたってオドロンパ」のじゅんじゅん役。／代表歌唱「コロ助ROCK」「いちごちゃんたいそう」。

金子みどり

洗足学園音楽大学卒業。東京音楽大学研究科（オペラ科）修了。日伊声楽コンコルソ、日本声楽コンクール、日仏声楽コンクールで受賞。東京文化会館30周年記念コンサートソリスト。現在、二期会会員。横浜シティオペラ会員。／代表作品CD「ロシアのロマンス」。

柴本浩行

81プロデュース所属。俳優、声優、歌手、演出家として数々の舞台を手がける。声優として「機動戦士Ζガンダム・ΖΖガンダム」のトーレス、アポリー中尉、NHK Eテレ「いないいないばあっ!」のハミガキマン。／代表歌唱曲「げんきっきたいそう」。

● 編曲　平沼みゅう
● 録音　トーンマイスター
● 浄書　ロビン・ワーク
● 協力　乳幼児教育研究所、ドルチェの会

● Staff

カバー・本文イラスト	星野イクミ（0歳児）／高藤純子（1・2歳児）／マスリラ（3・4・5歳児）
あそびイラスト	マーブルプランニング　みさきゆい（0歳児）／つかさみほ（1・2歳児）／くるみれな（3・4・5歳児）
カバー・本文デザイン	フレーズ
本文レイアウト	長谷川慎一
編集協力	株式会社スリーシーズン、植木由紀子
編集担当	伊藤雄三（ナツメ出版企画株式会社）

本書に関するお問い合わせは、書名・発行日・該当ページを明記の上、下記のいずれかの方法にてお送りください。電話でのお問い合わせはお受けしておりません。
・ナツメ社webサイトの問い合わせフォーム
https://www.natsume.co.jp/contact
・FAX（03-3291-1305）
・郵送（左記、ナツメ出版企画株式会社宛て）
なお、回答までに日にちをいただく場合があります。正誤のお問い合わせ以外の書籍内容に関する解説・個別の相談は行っておりません。あらかじめご了承ください。

ナツメ社Webサイト
https://www.natsume.co.jp
書籍の最新情報（正誤情報を含む）はナツメ社Webサイトをご覧ください。